JN364695

1초 만에 재무제표 읽는 법

사례편

"1-BYO!" DE ZAIMU SHOHYO WO YOMU HOHO <KIGYO-BUNSEKI-HEN> by Kazuyoshi Komiya

First published in Japan by TOYO KEIZAI INC., Tokyo.

This Korean edition is published by arrangement with TOYO KEIZAI INC., Tokyo
in care of Tuttle-Mori Agency, Inc., Tokyo through Yu Ri Jang Literacy Agency, Seoul.

1초 만에 재무제표 읽는 법

고미야 가즈요시 지음

김정환 옮김

다산북스

| 일러두기 |

1. 회사의 명칭은 〈 〉 안에 넣어 구별하였습니다.

2. 일본의 회계용어가 국내에서 일반적으로 쓰이는 경우와 조금 다를 수 있으나, 재무제표의 경영적 의미를 알기 위한 데는 무리가 없습니다.

00:01 한국어판 간행에 즈음하여

《1초 만에 재무제표 읽는 법-사례편》의 한국어판을 출판하게 되어 글쓴이로서 감개가 무량하다. 앞서 쓴《1초 만에 재무제표 읽는 법-기본편》과《1초 만에 재무제표 읽는 법-실전편》도 이미 한국어로 번역되어 많은 분이 읽어주셨다고 하니 참으로 감사할 따름이다.

이 책은 '1초 만에 재무제표 읽는 법' 시리즈 제3편인데, 이 한 권으로 기업의 사례를 살펴보면서 재무제표의 기본을 배우고 기업 분석 방법까지 익힐 수 있도록 궁리해 만들었다. 이 점이 이 책의 첫 번째 특색이다.

먼저 이 책의 1부에서는 실제 기업의 재무제표를 분석하면서 그 분석의 전제가 되는 재무제표의 기본적인 구성과 회계의 기본 지식 등을 [기초의 기초]와 [기초]라는 형태로 해설했다. 이 부분을 이해하면 재무제표를 읽는 법의 기초를 알 수 있다. 물론 재무제표를 읽는 법을 어느 정도 공부한 사람이라면 그 부분은 가볍게 읽고 넘겨도 상관없으며, 복습 교재로 사용해도 좋을 것이다. 다만 회계 초보자인 사람은 최대한 집중해서 읽기 바란다. [기초]에서는 새로운 국제회계기준인 'IFRS' 등에 대해서도 설명했다.

비즈니스 업무를 하는 사람들이 재무제표를 '작성하는 법'까지 공부할 필요는 없으나, 재무제표를 '읽는 법'은 알아야 한다. 이것이 오랫

동안 경영 컨설턴트로 일해 온 나의 지론이다. 이 책에서도 '읽는 법'을 습득하는 데 필요한 것들은 되도록 상세하게 설명했지만, 경리 담당자나 회계사, 세무사가 될 사람이 아니라면 '작성하는 법'은 그다지 필요가 없다고 생각하기 때문에 최소한의 내용만 다루었다. 그리고 [기초의 기초]와 [기초]에서 얻은 지식을 바탕으로 실제 기업의 재무제표를 분석하는 데 필요한 것들은 많이 다루었다. 이 책을 읽으면 알게 되겠지만, 기업과 업종에 따라 재무 내용이 크게 다른 경우가 적지 않다. 이 책의 3부에서는 여섯 가지 사례 연구를 통해 업종의 차이에 따라 재무 내용이 크게 달라진다는 점을 설명했다. 예를 들어 안전성의 기준 중 하나인 '유동비율(유동자산÷유동부채)'은 일반적으로 120퍼센트 정도면 안전하다고 평가한다. 그런데 전철 회사는 유동비율이 50퍼센트가 안 되는 곳도 적지 않지만 그래도 안전하다(유동비율이나 다른 안전지표 등에 대해서는 1부에서 그 내용과 '기준치'를 상세히 설명해 놓았으므로 지금 당장 모른다고 해서 걱정할 필요는 없다).

이 책을 읽으면 재무제표의 기본을 공부하면서 업종별 차이 등도 간단하게 이해할 수 있을 것이다.

이 책의 두 번째 특색은 **재무제표를 읽으면 기업의 전략이 보인다**는 사실을 이해하게 된다는 점이다. 전략을 바탕으로 숫자를 해석하기도 하지만, 주로 숫자를 보고 그것을 바탕으로 전략을 분석한다. 나는 항상

'숫자가 모든 것을 말해준다.'고 생각하는데, 그에 대해 설명해 놓았다.

이 책의 세 번째 특색은 거시경제의 숫자도 분석 대상으로 삼았다는 점이다. 전략을 생각할 때는 아무래도 거시경제의 동향을 무시할 수 없는데, 그 개념도 이해할 수 있도록 설명했다. 거시경제의 흐름을 모르면 진정한 기업 분석은 불가능하기 때문이다.

경영자나 장래에 경영자를 지망하는 사람은 굳이 재무제표를 작성하는 법까지 공부할 필요는 없겠지만 재무제표를 읽는 법은 매우 중요하므로 꼭 알아두어야 한다. 자사나 자사와 관련이 있는 타사의 재무 내용, 구체적으로는 '안전성'과 '수익성', '장래성'을 재무제표를 바탕으로 분석할 수 있는 능력을 익히는 것이 중요하다. 이를 위해서는 먼저 기본적인 읽는 법을 이해하고 업종별 '특성'을 파악하여 하나라도 더 많은 재무제표를 읽고 분석해 봐야 한다.

이번에 분석 대상으로 삼은 기업은 모두 일본 기업이지만, 한국의 독자 여러분에게 친숙한 기업도 적지 않을 것이다. 재무제표를 읽는 법을 배우는 동시에 일본 기업의 실태도 알 수 있게 되기를 바란다. 이 책을 통해 재무제표를 읽는 능력이 향상되어 여러분의 비즈니스 실력이 높아진다면 글쓴이에게 그보다 기쁜 일은 없을 것이다.

2011년 봄

고미야 가즈요시

00:01 차 례

Part 2 대차대조표로 위기 속 기업의 안전성을 검증한다

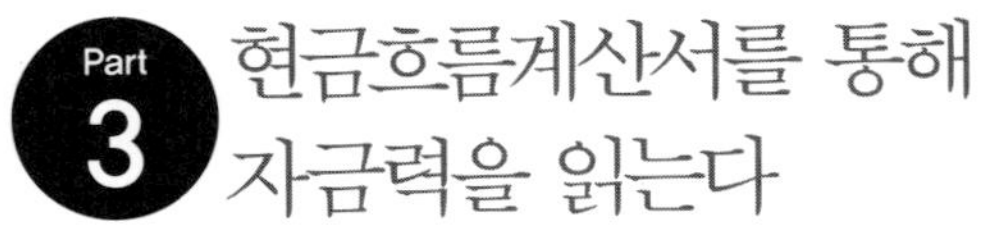

Part 3 현금흐름계산서를 통해 자금력을 읽는다

2부 기업의 위기는 재무제표의 어디에 나타나는가?

Part 4 재무제표를 통해 이해하는 기업 파산

3부 재무제표를 통해 기업 전략을 분석한다

Part 5 업계별 재무제표의 독특한 특성과 전략을 읽는다

재무제표를 읽는 법을 공부하는 목적은 기업의 상황을 정확히 파악하기 위해서이다. 몇 가지 업종의 대표적인 회사의 재무제표를 분석해 기업들이 세계 동시 불황을 어떻게 헤쳐 왔는지를 살펴본다.

1부
재무제표를 통해
기업의 상태를
읽는다

손익계산서로 세계 불황 속 기업의 실적을 분석한다

실제 재무제표의 분석을 통해 기초적인 내용부터 응용까지 설명한다. 각 내용을 세심하게 다루므로 표에 있는 숫자 등을 꼼꼼히 보면서 읽어야 한다. 또한 손익계산서에 대해서도 다룬다.

2차 세계대전 이후 최대의 경기후퇴라고 일컬어지는 리먼쇼크 이후, 그리고 그 후의 경기회복기에 기업이 어떤 상황이었는지는 재무제표를 분석해 보면 잘 알 수 있다. 1장에서는 세계 동시 불황기 여러 기업의 재무제표를 분석해 기업의 상태와 전략을 이해하는 동시에 회계의 기초적인 지식에 대해 다루었다.

재무제표를 읽는 법을 공부하는 가장 큰 목적은 기업의 상황을 정확히 파악하기 위함인데, 이 장에서는 실제 재무제표의 분석을 통해 기초적인 내용부터 응용까지 설명할 것이다. 각 내용을 세심하게 다루므로 표에 있는 숫자 등을 꼼꼼히 보면서 읽기 바란다. 또한 이 장에서는 주로 손익계산서에 대해 설명한다(2장에서는 대차대조표, 3장에서는 현금흐름계산서를 다룬다).

그리고 재무제표를 읽을 때의 포인트나 [기초] 혹은 [기초의 기초] 같은 기본적인 설명을 군데군데 넣었다. 기본부터 배우고 싶은 사람은 그 설명도 꼼꼼히 읽기 바란다. 차근차근 읽어나가면 회계의 기초 지식을 익히는 동시에 재무제표도 읽을 수 있을 것이다. 또한 거시경제의 동향도 곳곳에 집어넣었다. 경제와 기업의 재무 내용은 깊이 관계되어 있기 때문이다.

손익계산서의 구조

먼저 손익계산서에 대해 살펴보자. 기업의 실적을 분석하려면 매출액이나 이익의 내용이 담긴 손익계산서의 기본적인 틀을 이해해야 한다. 어렵지는 않다. 이미 잘 알고 있는 사람은 이 항목을 건너뛰고 읽어도 상관없다. 하지만 초보자라면 손익계산서의 기본 틀을 천천히 읽고 이해한 뒤에 다음 페이지로 넘어가기 바란다. 앞으로 많은 회사의 실적에 대해 다루므로 손익계산서의 구조를 확실히 이해하자.

손익계산서의 기본적인 틀을 설명하기 위해 사례로 든 것은 가전용품을 제조하는 〈라이온〉의 손익계산서다. 도표 1-1의 손익계산서에 나오는 숫자를 꼼꼼히 확인하면서 문장을 읽기 바란다.

기본적으로 손익계산서는 매출액에서 몇 가지 비용을 순서대로 빼면서 작성하는 방식이다.

먼저 매출액을 살펴보자. 매출액은 일반적으로 상품이나 서비스가 제공된 시점에 계상된다. 현금 수수와 반드시 일치하지는 않는다. 〈라이온〉의 매출액은 2009년 12월기에는 3,219억 4,700만 엔이었다(도표 1-1의 숫자를 반드시 보고 확인하자). 매출액을 볼 때는 그 전기前期의 숫자와 비교하는 것도 중요하다. 2008년도에는 3,382억 3,600만 엔이었으므로 162억 8,900만 엔이 감소했다. 비율로는 4.8퍼센트 줄었다.

매출액에서 제일 먼저 빼는 것은 '매출원가'다. 이것은 판매한 상품이나 서비스에 직접 관련된 비용이다. 〈라이온〉의 2009년 12월기 매출원가는 1,366억 1,900만 엔이었다. 매출원가가 반드시 '제조원가'나 '재료구입액'과 일치하지는 않는다. 제조원가나 재료구입액 중에서 팔린 분량만이 매출원가가 되는 것이다(이것은 손익계산서를 이해할 때 매우 중요한 포인트다). 다시 한 번 말하지만, 제조원가나 재료구입액 중에서 팔린 분량만 매출원가로서 손익계산서에 계상된다(팔리지 않고 남은 분량은 재고가 된다. 구입했거나 만들었는데 팔리지 않고 남은 분량은 뒤에서 설명할 대차대조표에 계상된 부채가 된다).

도매업이나 소매업에는 흔히 "이익은 원가에서 나온다."라는 말이 있는데, 이 매출원가를 조정하는 것이 이익을 낳는 첫걸음이다. '매출원가율'은 매출원가를 매출액으로 나눈 값인데, 이를 먼저 계산해 보자. 〈라이온〉의 2009년 12월기 매출원가율은 42.4퍼센트다. 그 전기의 매출원가율이 46.6퍼센트였으므로 매출원가율은 크게 개선되었다고 할 수 있다.

매출액에서 매출원가를 뺀 것이 '매출총이익'이다. 〈라이온〉의 2009

도표 1-1 딱 1초 만 대차대조표를 본다면 무엇을 볼까?

(단위 : 백만 엔)

	전(前) 연결회계연도 (2008년 1월 1일~2008년 12월 31일)	당(當) 연결회계연도 (2009년 1월 1일~2009년 12월 31일)
매출액	338,236	321,947
매출원가	157,523	136,619
매출총이익	180,712	185,327
판매비와 일반관리비	172,435	175,290
영업이익	8,277	10,036
영업외수익		
수취이자	111	64
수취배당금	385	336
지분법에 따른 투자이익	193	1,156
수취수수료	234	37
수취로열티	-	204
외환차익	-	54
기타	455	505
영업외수익 합계	1,379	2,357
영업외비용		
지급이자	1,134	1,038
외환차손	196	-
기타	722	210
영업외비용 합계	2,053	1,248
경상이익	7,603	11,145
특별이익		
대손충당금 환입액	859	46
투자유가증권 매각 이익	-	12
특별이익 합계	859	58
특별손실		
고정자산 처분손	263	337
감손손실	78	724
PCB 처리 비용	-	195
투자유가증권 평가손	2,032	152
기타	-	100
특별손실 합계	2,373	1,509
세금 등 조정 전 당기순이	6,088	9,694
익	1,475	1,594
법인세, 주민세와 사업세	1,349	2,160
법인세 등 조정액	2,825	3,755
법인세 등 합계	222	473
소수주주이익	3,040	5,465
당기순이익		

년 12월기 매출총이익은 1,853억 2,700만 엔이다. 매출액은 하락했지만 매출원가를 조정하여 매출원가율을 개선한 결과 매출총이익은 증가했다. '매출총이익률(매출총이익÷매출액)'도 높아졌다. 매출총이익과 매출총이익률은 회사의 이익에 직접 영향을 끼치므로 그 변화에 주의해야 한다.

매출총이익에서 '판매비와 일반관리비(판관비)'를 뺀 것이 '영업이익'이다. 이 경우에는 '판관비율(판관비÷매출액)'도 확인하기 바란다. 판관비율이 증가하지 않는 것이 중요하다.

영업이익은 기업의 통상적인 업무 단계에서의 이익을 나타낸다. 이 영업이익이 마이너스라면 기업 활동에 커다란 문제가 발생했다고 봐도 무방할 것이다. 영업이익은 기업의 실력이다. 〈라이온〉의 2009년 12월기 영업이익은 100억 3,600만 엔으로 전년도에 비해 증가했다.

영업이익에서 '영업외수익'을 더하고 '영업외비용'을 뺀 것이 '경상이익'이다. 영업외수익, 영업외비용의 주요 내역은 이자다. 현재는 저금리이기 때문에 그다지 신경 쓰지 않는 사람이 많을지 모르지만, 금리가 상승하면 차입금이 큰 기업은 이자 부담이 증가해 영업이익이 플러스여도 경상이익이 마이너스가 될 수 있다. 〈라이온〉의 경우, 2009년 12월기의 지급이자는 10억 3,800만 엔이었다.

다음으로 경상이익에서 일과성 이익이나 손실인 '특별이익'이나 '특별손실'을 조정해 '세금 등 조정 전 당기순이익'을 계산한다. 특별이익과 특별손실은 옛날에 사놓았던 토지가 비싸게 팔리거나 공장이 태풍으로 파손되는 등 평소에는 일어나지 않는 일이 발생했을 때 계상한다. 〈라이온〉에서는 특별손실로 '고정자산 처분손'과 '감손손실', 그리고 조금 특이한 항목으로 'PCB 처리 비용'이 계상되었다. 다만 국제회계기준에서는 특별이익이나 특별손실을 영업 단계에 포함시키는 추세다.

여기에서 세금 등을 조정해 '당기순이익'이 계산된다. 〈라이온〉의 2009년 12월기 당기순이익은 54억 6,500만 엔이었다. 매출액에 대한 이익률은 1.7퍼센트다.

경영자 중에는 특별손실이 재해에 따른 손실이나 과거의 투자 실패 등에 따른 것이므로 자신의 경영책임이 아니라고 생각하는 사람도 있는데, 경영에서 중요한 것은 당기순이익을 플러스로 만드는 일이다. 당기순이익이 계속 마이너스에 머물거나 마이너스 규모가 거액이 되면 회사가 도산할지도 모르기 때문이다. 또 주주에게 환원하는 원자原資도 그 기본 바탕은 당기순이익이므로, 주주에 대한 책임에서도 적정한 당기순이익을 내는 것이 중요하다.

손익계산서의 기본적인 틀은 이제 이해가 되었을 것이다. 구조적으로는 그다지 어렵지 않다. 그러면 지금부터는 기업의 실적을 분석해 보자.

반도체 업계의 수익 동향을 살펴본다

불황기에 하락폭이 컸던 반도체 업계

먼저 반도체 업계를 대표하는 〈엘피다 메모리〉(이하 엘피다)의 실적을 살펴보자. 손익계산서의 개요는 앞에서 〈라이온〉 사례에서 설명했으므로 그 지식을 활용하며 읽어나가기 바란다.

세계 동시 불황기에 하락폭이 컸던 업계 중 하나가 반도체 업계다. 2009년 2월에는 업계 전체로 봤을 때 전년 대비 마이너스 60퍼센트까지 하락했다. 전해 같은 시기의 40퍼센트 수준까지 떨어졌다는 말이다.

반도체 업계는 일반인들에게 전기업계만큼 친숙한 존재는 아니다. 그러나 오늘날에는 반도체가 있어야만 운영되는 업계가 많다. 특히 전기업계에서는 반도체가 필수품이다. 반도체를 '산업의 쌀'이라고 부르는 이유가 여기에 있다.

일본 반도체 업계의 대표격인 〈엘피다〉의 실적을 살펴보자. 사실 〈엘피다〉는 세계적으로 경기가 후퇴하기 전인 2008년 3월기부터 적자였다. 2008년 3월기의 영업이익은 250억 엔의 손실이었으며, 당기순이익도 236억 엔의 손실이었다. 서브프라임 위기는 2007년 여름에 발생했지만, 실물경제의 후퇴는 2008년 9월 리먼쇼크 이후에 시작되었다. 그러나 일본의 반도체 업계를 대표하는 〈엘피다〉는 2007년도(2008년 3월)에 이미 적자였던 것이다.

2008년이 되자 세계 동시 불황의 영향으로 실적은 더욱 악화되었다. 매출액은 전년도의 4,054억 엔에서 18.4퍼센트 하락한 3,310억 엔으로 감소했다. 그리고 매출총이익에서 861억 엔의 적자가 발생했다. 즉 매출액이 매출원가를 보전하지 못하는 상태에 빠진 것이다.

도표 1-2 〈엘피다 메모리〉의 손익계산서(발췌)

(단위 : 백만 엔)

	2008년 3월기	(비율)	2009년 3월기	(비율)	2010년 3월기			
					제1사분기 (비율)		제2사분기 (비율)	
매출액	**405,481**	(100.0%)	**331,049**	(100.0%)	72,570	(100.0%)	95,854	(100.0%)
매출원가	372,141	(91.8%)	417,127	(126.0%)	**99,157**	(136.0%)	**81,783**	(85.3%)
매출총이익	33,340	(8.2%)	▲86,078	(26.0%)	▲26,587	(▲36.6%)	14,071	(14.7%)
판관비	58,280	(14.4%)	61,311	(18.5%)	15,724	(21.7%)	13,242	(13.8%)
영업이익	**▲24,940**	(–)	**▲147,389**	(–)	▲42,311	(–)	**829**	(0.9%)
당기순이익	▲23,542	(–)	▲178,870	(–)	▲44,448	(–)	▲7,167	(–)

이미 영업 적자

감가상각비가 크며, 매출원가가 매출액을 웃돌다

판관비도 상승

영업 흑자를 확보해 회복 기조로

출처 : 〈엘피다 메모리〉의 결산서를 바탕으로 작성

Point 재무제표를 읽을 때의 포인트

기업의 실적을 보는 포인트는 먼저 매출액이다. 매출액이 증가하고 있는지 아니면 감소하고 있는지를 본다. 매출액은 이익의 원천이며, 전략상 중요한 '점유율'과 큰 관계가 있다. 또 세상에서 그 회사의 '존재

(Presence)' 자체라고도 할 수 있다. 바꿔 말하면 고객에게 만족을 주고 있는 정도이기도 하다.

그리고 물론 이익을 내고 있는가도 중요하다. 기업은 이익이 나지 않으면 건전한 상태라고 할 수 없다. **이익이 나지 않으면 현금흐름이 악화되고 전략의 자유도가 줄어들 뿐만 아니라 사내의 분위기도 나빠진다.** 주주도 좋게 평가하지 않는다. 적자가 계속되면 존속에도 영향을 끼치게 된다.

매출액이나 이익에 관해서는 전년도와의 비교 외에 장기적인 기조를 분석하는 것도 필요하다(이를 위해서는 회계 지식뿐만 아니라 경제 지식도 필요하다). 그리고 나아가서는 매출원가나 판매비와 일반관리비(판관비) 같은 **비용의 매출액에 대한 비율(매출원가율, 매출액 대비 판관비율) 등도 분석하는 것이 중요하다.**

이 책에서는 앞으로 여러 가지 분석 방법을 제시할 것이다.

장치 산업은 고정비 부담이 크다

그러면 〈엘피다〉의 분석을 계속해 보자. 반도체는 장치 산업으로, 감가상각비 같은 고정비가 크다. 그래서 매출액이 하락해도 제조원가가 낮아지지 않는 상황이 된다. 제조원가는 일단은 재고자산으로 계상되며, 그중에서 팔린 분량만이 매출원가가 된다. 따라서 팔리지 않으면 매출원가도 그에 비례해 떨어질 것 같지만, 반드시 그렇지는 않다. 매출액이 떨어지고 있을 때 매출원가율이 높아지는 경향이 있는 이유는 매출액이 떨어져 생산량이 줄어들면 제조한 제품 하나당 고정비의 부담액이 늘어나 제조원가와 매출원가의 단가가 상승하기 때문이다.

반도체는 장치 산업이라 설비의 감가상각비 같은 고정비가 크기 때문에 제조 수량이 줄어들어도 고정비를 줄일 수가 없다. 그렇게 되면 제품 한 개당 고정비의 부담이 커져서 한 개당 제조원가나 그것이 팔렸을 때의 매출원가가 상승하는 것이다.

기초

감가상각비

감가상각비는 건물이나 기계장치, 기구·비품 등과 같이 장기간에 걸쳐 사용하는 자산의 가치를 사용 기간에 따라 감액해 나가는 것이다. 다시 말해서 건물이나 물품을 구입할 때 전부 비용으로 처리하는 것이 아니라 사용 기간에 따라 비용으로 처리한다는 개념이다.

예를 들어 전철 1량의 가격이 1억 엔인 8량 편성 전철의 구입 가격은 8억 엔(1억 엔×8)인데, 20년 동안 사용한다면 매년 4,000만 엔(8억 엔÷20)의 감가상각비를 계상한다. 그리고 대차대조표에 계상되어 있는 차량의 가치(장부 가격)를 매년 4,000만 엔씩 감액해 나가는 것이다.

매년 같은 액수를 감가상각하는 방법을 '정액법'이라고 하며, 매년 같은 비율로 상각해 나가는 방법을 '정률법'이라고 한다. 정률법이 물품 구입 초기에 많은 상각을 하게 된다.

참고로 토지는 일반적으로 영구히 사용할 수 있기 때문에 감가상각을 하지 않는다.

판매관리비 조정에는 시간이 필요하다

2009년 3월기는 판관비 조정도 여의치 않아 영업적자가 1,474억 엔, 당기순이익도 1,789억 엔 손실이라는 매우 심각한 상황에 빠졌다. 판관비 역시 경기가 급격하게 후퇴하더라도 갑자기 줄일 수 없는 경우가 적지 않다.

2010년 제1사분기에도 전기업계와 마찬가지로 반도체 업계는 심각한 상황이 이어졌다. 계속해서 매출액에서 매출원가를 뺀 매출총이익의 단계부터 적자를 기록했다. 그러나 제2사분기에는 상황이 크게 호전되었다. 매출총이익이 흑자로 돌아서고 영업이익도 약간 흑자를 확보했다. 당기순이익은 마이너스라 아직 충분하지는 않지만 회복 기조에 들어섰다고 할 수 있다.

업계 전체의 시황을 나타내는 '생산지수 집적회로'(경제산업성이 발표한다)를 봐도 경기 바닥은 앞에서도 설명한 것처럼 2009년 2월로, 전년 대비 마이너스 60퍼센트까지 추락했다(도표 1-3). 무시무시한 하락세다. 이어서 4~6월도 전년 대비 마이너스 30퍼센트였지만, 7~9

월에는 마이너스 10퍼센트 정도까지 회복되었다. 아직 호조였을 때의 생산량까지는 돌아오지 못했지만 그래도 회복되고 있다고 할 수 있다.

반도체 업계에는 세계적인 경기동향에 맞춰 실적이 움직이는 '실리콘 사이클'이라고 부르는 커다란 '파도'가 있다. 이번 파도는 매우 컸다고 할 수 있다.

(〈엘피다〉에 관해서는 1부 후반에 '현금흐름'의 측면에서 다시 한 번 분

도표 1-3 **생산지수 집적회로의 추이**

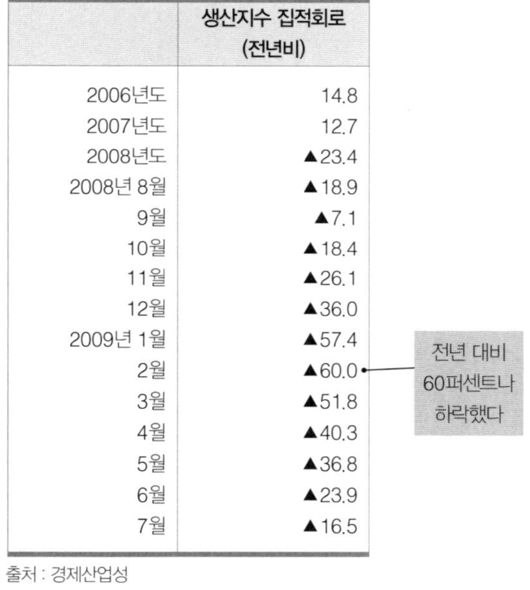

	생산지수 집적회로 (전년비)
2006년도	14.8
2007년도	12.7
2008년도	▲23.4
2008년 8월	▲18.9
9월	▲7.1
10월	▲18.4
11월	▲26.1
12월	▲36.0
2009년 1월	▲57.4
2월	▲60.0
3월	▲51.8
4월	▲40.3
5월	▲36.8
6월	▲23.9
7월	▲16.5

출처 : 경제산업성

석할 예정이다. 그때는 '현금흐름계산서'의 기본적인 내용에 대해서도 함께 다룬다).

경기 동향에 민감한 장치산업

세계 동시 불황기의 기업 실적에 대해 설명하기 전에 거시경제 전체를 바라보는 관점에서 이번 불황이 어떤 의미인지 간단하게 알아보자. 거시경제의 움직임을 이해하면 기업 실적의 동향도 이해하기 쉬워지기 때문이다(여담이지만, 나는 경영 컨설턴트로서 거시경제와 기업 실적 분석을 모두 하고 있다).

이번의 경기후퇴를 이해하는 가장 쉬운 방법은 '광공업 지수' 중의 '생산지수'를 보는 것이라고 생각한다(도표 1-4). 이 숫자는 2005년을 100으로 놓고 그 후 광업과 제조업의 동향을 생산 측면에서 파악한 것이다(그 밖에 '출고', '재고', '재고율'이 있다). 리먼쇼크는 2008년 9월에 발생했는데, 전년도인 2007년도에는 생산지수가 108.1까지 상승했다. 2005년과 비교해 약 2년 사이에 8포인트나 상승했으니 상당히 경기가 좋은 상태였다고 할 수 있다. 2007년은 2002년부터 계속된 2차 세계대전 이후 최장기 경기호황의 마지막 해였다.

그런데 2007년 여름에 미국에서 서브프라임 문제가 단숨에 표면화되어 구미의 금융기관에 직격탄을 날렸다. BNP파리바 쇼크(프랑스 최대 은행인 BNP파리바가 산하의 펀드를 동결한 사건. 투자심리의 위축을 불러와 전세계의 주식이 하락했다-옮긴이)가 발생한 것이다. 그 후

약 1년간 금융계는 공황 상태였지만, 실물경제에는 그다지 커다란 영향을 미치지 않았다. 광공업 생산지수도 100이 넘는 수준을 유지했다. 그러나 2008년 9월 15일에 리먼브라더스가 파산하자 상황은 순식간에 바뀌었다. 실물경제로도 불똥이 튄 것이다. 2008년 10월에 100이었던 생산지수는 수직으로 급락해, 이듬해인 2009년 2월에는 69.5까지 떨어졌다. 불과 4개월 사이에 30포인트나 떨어져 2차 세계대전 이후 최대이자 최고속으로 추락한 것이다. 그런 가운데 제조업을 비롯해

도표 1-4 **생산지수 추이**

	생산지수		
	(계절 조정치)	전월 대비	전년 대비
2006년도	105.3	–	4.6
2007년도	108.1	–	2.7
2008년도	94.4	–	▲12.7
2008년 7월	106.8	▲0.3	2.3
8월	103.5	▲3.1	▲7.2
9월	103.6	0.1	0.4
10월	100.1	▲3.4	▲6.6
11월	93.1	▲7.0	▲16.5
12월	85.3	▲8.4	▲20.7
2009년 1월	76.7	▲10.1	▲30.9
2월	69.5	▲9.4	▲38.4
3월	70.6	1.6	▲34.2
4월	74.8	5.9	▲30.7
5월	79.1	5.7	▲29.5
6월	80.9	2.3	▲23.5

출처 : 경제산업성

수많은 기업이 타격을 입었다. 도표에는 없지만, 그 후에는 비교적 순조롭게 회복되어 2010년 봄에는 95가 넘는 수준까지 돌아왔다. 그러나 여름철부터 회복이 둔화되어 제자리걸음을 하고 있다.

이어서 재무제표를 통해 철강업의 상황을 살펴보자. 실적의 동향을 파악함과 동시에 손익계산서를 경영적으로 읽는 법에 익숙해지기 바란다.

철강업계의 손익분기점을 살펴본다

경기 후퇴기에 신음하는 철강업계

이번에는 철강업을 분석하면서 '손익분기점'에 대해서도 함께 알아보자. 철강업의 상황은 〈신일본제철〉의 분석을 통해 살펴보도록 하자.

〈신일본제철〉은 일본의 철강업을 대표하는 기업인데, 역시 세계 동시 불황의 영향을 크게 받았다. 먼저 일본 전체의 조강 생산량을 살펴보면, 2007년도에는 1억 2,200만 톤이었던 것이 2008년도에는 1억 550만 톤으로 약 23퍼센트나 감소했다. 일본 전체 철강업의 손익분기점은 대략 1억 톤에 조금 못 미치는 정도이다. 2007년도에는 손익분기점을 크게 넘겼기 때문에 각 철강회사가 거액의 이익을 냈다. 업계를 대표하는 〈신일본제철〉과 〈JFE스틸〉은 각각 5,000억 엔 이상의 영업이익을 계상했다.

2008년도의 일본 전체 조강 생산량을 월별로 살펴보면, 리먼쇼크가 발생한 다음 달인 2008년 10월까지는 월간 1,000만 톤을 유지했다. 즉 절호조였던 2007년도와 거의 같은 수준을 유지한 것이다. 따라서 〈신일본제철〉도 2008년도 상반기에는 전년도와 같은 수준의 매출액과 이익을 유지했다. 그러나 11월 이후에는 조강 생산량이 곤두박질쳤다. 800만 톤 정도에서 700만 톤, 600만 톤으로 감소했으며, 2009년 2월 이후에는 500만 톤대로, 최고점을 찍었을 때의 60퍼센트 이하 수준까지 단숨에 하락한 것이다(도표 1-5).

〈신일본제철〉의 상황을 살펴보자. 일본을 대표하는 철강회사이기 때문에 일본 전체의 동향과 똑같은 움직임을 보이고 있다. 도표 1-6에 나와 있는 2008년도(2009년 3월기) 상반기와 하반기의 실적을 보면 상황을 명확히 알 수 있다. 상반기에는 매출액이 약 2조 6,000억 엔, 영업이익이 2,500억 엔 정도였던 것이 하반기가 되자 매출액은 약 2조 2,000억 엔으로 17퍼센트나 감소했으며 영업이익도 절반 이하까지 떨어져 1,000억 엔을 밑도는 수준이 되었다. 게다가 2009년도(2010년 3월기) 상반기에는 매출액이 1조 5,733억 엔으로 떨어지고 영업이익은 마침내 적자가 되어 714억 엔의 손실을 계상했다.

철강업 같은 장치 산업은 앞에서 설명한 반도체 업계와 마찬가지로 비용에서 고정비가 차지하는 비율이 높아지는 경향이 있다. 이것은 거액의 설비투자를 통해 보유하고 있는 기계장치의 감가상각비가 설비가동률에 상관없이 매년 일정금액 발생하기 때문이다. 그래서 매출액이 감소해도 비용을 단기적으로 줄이지 못해 손익분기점을 낮추기 힘들 때가 많다. 일단 투자 등을 하고 나면 그 뒤에 변경이 어려워지는 비용을 '확정원가'라고 하는데, 앞에서 설명한 반도체 업계 등도 거액의 설비투자를 해야 하기 때문에 불황기에는 확정원가가 큰 부담이 된다.

도표 1-5 조강 생산량 추이

	조강 생산량(천 톤)
2006년도	117,745
2007년도	121,511
2008년도	105,500
2008년 8월	10,168
9월	10,086
10월	10,097
11월	8,815
12월	7,485
2009년 1월	6,378
2월	5,479
3월	5,739
4월	5,734
5월	6,476
6월	6,883
7월	–
전년비(%)	▲33.6

출처 : 경제산업성

도표 1-6 최악의 시기를 벗어나 실적이 뚜렷이 개선된 〈신일본제철〉

(단위 : 억 엔)

	2009년 3월기(2008년도)				2010년 3월기	
	상반기	비율	하반기	비율	상반기	비율
매출액	26,021	100.0%	21,676	100.0%	15,733	100.0%
매출원가	21,822	83.9%	19,235	88.7%	15,015	95.4%
매출총이익	4,199	16.1%	2,441	11.3%	717	4.6%
판매비와 일반관리비	1,715	6.6%	1,496	6.9%	1,431	9.1%
영업이익, 손실	2,484	9.5%	945	4.4%	▲714	–
순이익	1,616	6.2%	▲66	–	▲718	–

상반기에는 매출액이 대폭 감소하고 영업 적자도 급격히 확대되었다.

제4사분기 결산의 추이

	2009년 3월기			
	제3사분기	비율	제4사분기	비율
매출액	**12,280**	**100.0%**	**9,396**	**100% (▲23.5%)**
매출원가	10,014	81.5%	9,220	98.1% (▲7.9%)
매출총이익	2,266	18.5%	175	1.9% (▲92.3%)
판매비와 일반관리비	785	6.4%	710	7.6% (▲9.5%)
영업이익, 손실	1,480	12.1%	▲535	– (–)

2010년 3월기(2009년도)			
제1사분기	비율(증가율)	제2사분기	비율(증가율)
7,450	**100% (▲20.7%)**	**8,282**	**100% (▲11.2%)**
7,281	97.7% (▲21.0%)	7,734	93.4% (▲6.2%)
169	2.3% (▲3.0%)	548	6.6% (▲222.8%)
703	9.4% (▲1.0%)	728	7.6% (▲3.5%)
▲534	– (–)	▲180	– (–)

사분기를 기준으로 보면 매출액이 상승으로 돌아서고 적자액도 개선되고 있다

출처 : 〈신일본제철〉의 각기(各期) 결산서를 바탕으로 작성

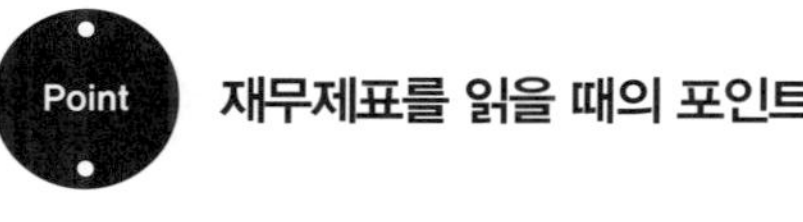

재무제표를 읽을 때의 포인트

설비투자가 많은 기업은 감가상각비가 많으며, 이것이 '확정원가'가 되어 불황기에는 수익을 크게 압박한다. 반대로 손익분기점을 넘으면 변동비(율)는 그다지 높아지지 않기 때문에 큰 이익을 내는 경우가 적지 않다.

손익분기점을 밑돌면 거액의 손실이 발생하는 장치산업

거액의 설비투자가 필요한 장치 산업은 감가상각비 등의 고정비가 많이 발생하지만 그만큼 변동비와 변동비율(변동비÷매출액)이 낮을 경우가 많다. 이런 상황에서는 손익분기점을 웃돌면 2007년도의 철강업처럼 거액의 이익이 나지만, 반대로 손익분기점을 밑돌면 거액의 손실을 계상할 수밖에 없게 된다(손익분기점에 대해서는 다음 항목에서 설명할 것이다. 미리 공부해 두고 싶은 사람은 그 부분을 먼저 읽기 바란다. 물론 이 항목을 읽은 다음에 공부해도 무방하다).

〈신일본제철〉의 사분기 결산을 보면 이 점을 잘 이해할 수 있다. 2008년도 하반기의 실적은 앞에서 설명한 대로이지만, 그것을 제3사분기(10~12월)와 제4사분기(1~3월)로 나눠보면 실적의 차이가 선명하게 드러난다(도표 1-6을 보기 바란다). 제3사분기에는 1조 2,000억 엔이 넘는 매출액을 기록했지만, 제4사분기에는 그보다 23.5퍼센트 줄어든 9,300억 엔까지 감소했다. 게다가 영업이익도 500억 엔 이상의 적자 상태에 빠졌다. 제3사분기의 영업이익은 1,500억 엔에 가까운 흑자였다. 이를 보면 이 시점에서 〈신일본제철〉의 손익분기점 매출액은 사분기에 약 1조 엔, 1년에 약 4조 엔 정도라고 추산할 수 있다.

여기에서 주의해서 봐야 할 것은 매출원가율(매출원가÷매출액)이다. 도표 1-6을 보면 알 수 있듯이, 제3사분기에는 81.5퍼센트였던 매출원가율이 제4사분기에는 98.1퍼센트까지 급상승했다. 이는 앞에서 설명한 고정비가 요인인 것으로 판단된다. 고정비는 매출액의 증감에 상관없이 발생하는 비용이기 때문에 이와 같이 단기간에 급격히 매출액이 감소할 때는 삭감이 불가능하다. 따라서 그만큼 매출원가율이 급상승하는 것이다.

기초

손익분기점의 기본적인 개념

도표 1-7을 보면서 손익분기점에 대한 설명을 읽기 바란다.

손익분기점 매출액이란 총비용과 매출액이 일치하는 점이다. 비용에는 매출액이 달라져도 변하지 않는 고정비와 매출액에 따라 변동하는 변동비가 있다. 고정비에 변동비를 더한 직선이 총비용의 선이다(변동비율(=변동비÷매출액)을 a, 고정비의 액수를 b로 놓으면 그 선은 $y=ax+b$로 나타낼 수 있다). 여기에 매출액의 직선($y=x$)이 겹쳐 있다.

이 두 선이 교차하는 점이 손익분기점이므로, 손익분기점 매출액은

$x=b\div(1-a)$, 즉 '손익분기점 매출액=고정비÷(1-변동비율)'로 구할 수 있다. 고정비를 (1-변동비율)로 나눈 값이다.

식만 보면 이해하기 어려울 수도 있지만, 그래프로 보면 한눈에 이해가 될 것이다.

도표 1-7 매출액과 총비용이 일치하는 점이 손익분기점

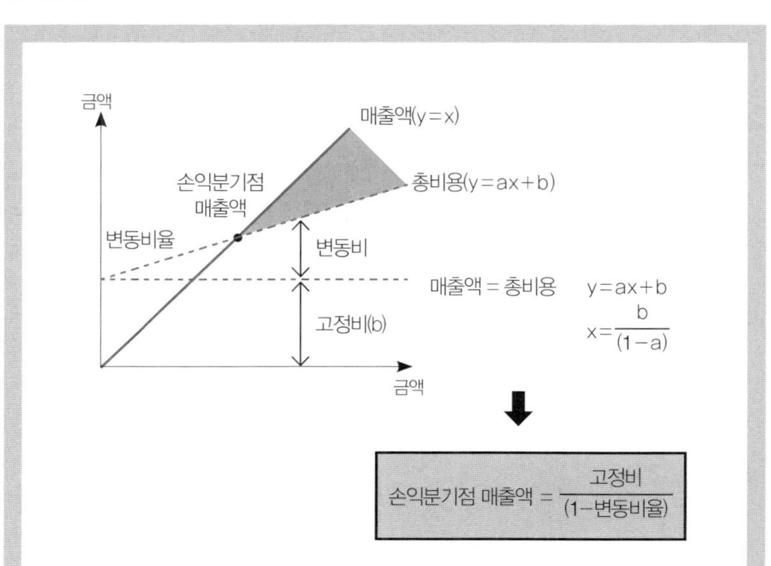

비용의 움직임을 통해 기업의 상황을 본다

2009년에 들어서자 〈신일본제철〉의 매출액은 더욱 감소했다. 앞에서 봤듯이 2008년도 제3사분기(10~12월, 직전인 9월에 리먼브라더스가 파산했다)와 비교할 때 제4사분기는 큰 폭으로 감소했는데, 여기에서 다시 20퍼센트가 넘게 감소했다. 그러나 영업이익의 적자액은 2008년도 제4사분기와 거의 같은 수준으로 억제할 수 있었는데, 여기에는 몇 가지 요인을 생각해 볼 수 있다.

첫째는 급격한 수요 감소로 설비의 일부를 정지시킴에 따라 그와 관련된 비용이 절감되었다는 점이다. 고로高爐의 휴지休止 등을 시행한 효과가 나타난 것이다. 둘째는 전년도에는 원자재 가격 상승의 영향으로 변동비가 상승했지만, 세계 동시 불황으로 철광석과 원료탄의 가격이 하락해 변동비가 줄어들었다는 점, 셋째는 일반관리비의 절감이 시행된 것도 중요한 요인이다.

다시 한 번 도표 1-6을 보기 바란다. 2009년도 제2사분기에는 매출액이 상승으로 전환되었다. 제1사분기에 비해 11퍼센트가 넘게 상승했다. 이에 따라 매출원가율도 4퍼센트가 넘게 감소했으며 영업이익의 적자액도 큰 폭으로 개선되었다. 일본 전체의 조강 생산량도 9월에는 800만 톤대로 급속히 회복되었다.

그리고 사소하지만 흥미로운 점이 있다. 〈신일본제철〉의 판관비가 이 시기에 아주 조금 상승했다는 점이다. 최악의 시기를 벗어남에 따라 약간 지출을 늘린 것이 아닐까 생각된다. 그때까지 극단적으로 졸

라맸던 허리띠를 살짝 풀어준 것이리라.

2009년도 상반기의 실적을 보면 2008년도 상반기나 하반기에 비해 큰 폭으로 하락했지만, 제1사분기와 제2사분기로 나눠보면 실적 개선이 뚜렷함을 알 수 있다. 이렇듯 **비용의 동향을 살펴보면 기업 상황을 알게 되는 것도 적지 않다.**

Point

재무제표를 읽을 때의 포인트

기업의 비용은 매출원가와 판관비 등으로 나눠서 분석하는데, 매출액에 대한 비용의 비율이 어떻게 변화하느냐와 함께 **경기후퇴기에 그 비용을 조정하고 있는지를 살펴볼 필요가 있다.**

앞에서도 설명했듯이 확정원가는 변하지 않지만(이것도 설비를 폐기하는 등의 방법으로 일과성 손실인 '특별손실'로 처리한 다음 그 후의 손실을 줄일 수 있다), 매출원가나 판관비를 매출액에 따라 바꿔나갈 수 있는지 확인할 필요가 있다. **기업의 '원가 관리' 능력을 검토하는 것이다. 원가 관리 능력이 우수한 기업은 호황기든 불황기든 비용을 적절히 조정해 이익을 극대화할 수 있다.**

다만 불필요한 경비는 삭감해야 하지만, 비용 절감에 열중한 나머지 질(Quality)과 가격(Price), 서비스(Service)의 조합이 고객이 요구하는 수준에 못 미친다면 아무런 의미가 없다.

비용을 절감할 때는 활동을 **고객의 만족도 향상에 직접 관여하는 '부가가치 활동'**과 그 밖의 **'비(非)부가가치 활동'**으로 나누고, **비부가가치**

활동의 비용부터 절감해 나가는 것이 대원칙이다. 부가가치 활동에 관해서는 고객이 본 가치를 떨어뜨리지 않고 비용을 낮추는 '가치 공학(Value Engineering)' 수법이 효과적이다.

분기별 가격결정시스템이 원자재 가격에 미치는 영향

향후 철강회사의 걱정거리는 원자재의 가격 상승이다. 2009년 세계 동시 불황으로 일시적으로는 철의 원자재인 철광석과 원료탄의 가격도 하락했지만, 그 후 신흥국의 경제부흥으로 가격이 크게 상승했다. 그리고 예전에는 1년 단위였던 가격결정시스템이 공급자 측의 편의에 따라 사분기별로 변경되었다. 가격이 하락할 때는 구매자에게 유리하지만, 가격이 상승할 때는 구매자가 불리해진다. 장기적으로는 신흥국의 경제발전이 예상되기 때문에 원자재의 가격은 앞으로도 계속 상승할 것으로 보이며, 이것이 철강 회사에는 무거운 짐으로 작용하지 않을까 우려된다.

일본에서는 잠재적인 생산능력과 실제 수요의 차이인 '수급 괴리'가 여전히 커서, 2010년 여름 현재 명목GDP의 약 5퍼센트가 넘는 25조 엔 정도로 알려져 있다. 그런 탓에 최종 소비재에 가까운 상품일수록 디플레이션 경향이 강하게 남아 있다. 한편 세계적으로 가격이 결정되는 원자재 등은 가격이 상승하는 추세다. 실제로 2010년에 수입 물가는 상승하고 있지만 최종 소비재의 가격을 나타내는 소비자물가는 계속 하락하고 있다. 철강업을 비롯한 제조업계는 앞으로 내수 면에서 최종 소비재의 디플레이션 경향과 원자재의 가격 상승 추이라는 어려운 상황에 대처해야 할 필요가 있다.

다음에 설명할 제지업계도 이러한 경향이 현저하게 나타나고 있다.

매출액과 매출원가의 관계를 살펴본다

매출액은 감소했지만 이익은 늘어난 제지업계

세계 동시 불황 속에서 매출액이 감소했지만 증익을 확보한 제지업계를 살펴보도록 하자(매출액이 감소한 것을 '감수減收'라고 한다). 앞에서 언급한 원자재와 최종 소비재의 관계를 생각했을 때도 흥미로운 사례다.

분석 대상은 〈일본제지〉와 〈오지제지〉다. 2009년도 제3사분기(4~12월)까지의 실적을 살펴보자. 먼저 두 회사의 실적을 대략적으로 훑어보면, 매출액이 10퍼센트 이상 감소했음에도 영업이익과 경상이익, 사분기 순이익은 모두 대폭 증가했다. 그 이유는 무엇일까? 한 회사씩 개별적으로 살펴보자. 도표 1-8을 보면서 읽기 바란다.

〈일본제지〉는 2008년도 제3사분기까지의 매출액이 9,293억 엔이었지만 2009년도 같은 시기에는 8,173억 엔으로 12퍼센트나 감소했다. 리먼쇼크 이후 경기후퇴로 종이 수요가 크게 감소했기 때문이다. 정확히 말하면 매출 수량의 감소와 수요 저하에 따른 판매 가격 하락이 모두 영향을 끼쳤다. 제지업계뿐만 아니라 시황 상품은 경기가 후퇴하면 판매 수량과 함께 단가도 하락하는 '더블 펀치'를 맞을 가능성이 크다. 그러나 이와 같은 시황 상품은 원자재비도 함께 하락하는 경향이 강한 것도 특징이다. 〈일본제지〉의 매출원가를 보면, 2008년도에는 80.4퍼센트였던 원가율이 2009년도에는 77.3퍼센트까지 감소했다. 절대액의 감소율은 15.5퍼센트로 매출액의 감소율보다 컸다. 이것은 세계적인 경기후퇴로 원자재 가격이 크게 하락했기 때문이다. 먼저 종이의 원료인 펄프와 폐지의 가격이 하락했고, 종이를 만들려면 대량의 에너지가 필요한데 보일러와 발전용 연료 가격이 하락했기 때문이기도 하다.

조금 더 거시적인 관점에서 수입 물가의 동향을 조사해 보면, 2009년 여름에는 일본 전체의 수입 물가가 전년도에 비해 30퍼센트 이상 하락했다(도표 1-9). 원유를 중심으로 한 원자재 가격의 세계적인 하락이 주된 요인인데, 제지업계나 철강업계에서는 시장 상황의 악화 속에서 원자재 가격의 하락이 이 무렵의 이익액 증가에 큰 공헌을 했다고 할 수 있다.

〈일본제지〉의 경우, 매출액의 감소율보다 매출원가의 감소율이 더 컸기 때문에 매출총이익률은 19.6퍼센트에서 22.7퍼센트로 증가했으며 매출총이익의 절대액도 2퍼센트 증가했다. 〈오지제지〉에서는 이러한 경향이 더욱 두드러지게 나타났다. 매출액은 2008년도의 1조 39억 엔에서 8,737억 엔으로 13퍼센트 하락했지만, 매출원가는 절대액이 17퍼센트나 하락했다. 이에 따라 원가율은 80퍼센트였던 것이 76.3퍼센트까지 떨어졌다. 3.7퍼센트 포인트 하락한 것이다. 〈일본제지〉의 매출원가율 감소율인 3.1퍼센트 포인트보다도 컸다. 그래서 〈오지제지〉는 매출액이 〈일본제지〉보다 더 크게 감소했음에도 매출원가율의 개선폭이 컸기 때문에 매출총이익은 전기 대비 3퍼센트 증가했다. 이는 〈일본제지〉의 매출총이익 증가율보다 높은 수치다.

매출액에 대한 판매비와 일반관리비의 비율(매출액 대비 판관비율)은 상승했지만, 절대액으로 보면 감소했기 때문에 두 회사 모두 영업이익은 대폭 증가했다. 특히 앞에서도 말했듯이 매출원가율을 크게 낮추고 판관비의 절대액을 10퍼센트 이상 감소시킨 〈오지제지〉는 영업이익이 534억 엔으로 무려 83.5퍼센트나 증가했다. 또 〈일본제지〉는 사분기 순이익이 전년 동기보다 4배 가까이 증가했다. 이것은 〈일본제지〉가 〈시코쿠 코카콜라 보틀링〉을 완전 자회사로 만들면서 '부負의 영업권' 85억 엔을 특별이익으로 계상했기 때문이다. 부의 영업권이란 회사를 매수하는 등의 상황에서 매수 가격이 매수된 회사의 순자산보다 적을 때 그 차액을 뜻하며, 그만큼 이익으로 인식된다.

도표 1-8 제3사분기 결산에서 감수증익 현상이 뚜렷하게 나타난 제지업계

〈일본제지〉

(단위 : 백만 엔)

	2008년도	비율(%)	2009년도	비율(%)	증감률(%)
매출액	929,318	100.0	817,317	100.0	▲12.0
매출원가	**747,336**	**80.14**	**631,721**	**77.3**	**▲15.5**
매출총이익	181,982	19.6	185,625	22.7	2.0
판매비와 일반관리비	**160,525**	**17.3**	**154,720**	**18.9**	**▲3.6**
영업이익	**21,456**	**2.3**	**30,905**	**3.8**	**44.0**
영업외수익	13,343	1.4	9,917	1.2	▲25.7
영업외비용	12,672	1.4	12,176	1.5	▲3.9
경상이익	**22,124**	**2.4**	**28,646**	**3.5**	**29.5**
사분기 순이익	5,802	0.6	26,790	3.3	361.7

매출액의 감소 이상으로 원가 하락

매출총이익 단계에서 전기 대비 플러스로 전환

영업이익은 전기 대비 40퍼센트 증가

〈오지제지〉

(단위: 백만 엔)

	2008년도	비율(%)	2009년도	비율(%)	증감률(%)
매출액	1,003,975	100.0	873,732	100.0	▲13.0
매출원가	**803,362**	**80.0**	**666,724**	**76.3**	**▲17.0**
매출총이익	200,612	20.0	207,003	23.7	3.2
판매비와 일반관리비	**171,458**	**17.1**	**153,504**	**17.6**	**▲10.5**
영업이익	**29,154**	**2.9**	**53,499**	**6.1**	**83.5**
영업외수익	13,111	1.3	7,550	0.9	▲42.4
영업외비용	18,224	1.8	16,826	1.9	▲7.7
경상이익	**24,041**	**2.4**	**44,222**	5.1	**83.9**
사분기 순이익	7,366	0.7	16,732	1.9	127.2

매출액의 감소 이상으로 원가 하락

판관비 10퍼센트 삭감

영업이익은 전기 대비 80퍼센트 증가

출처 : 각 회사의 2010년 3월기 제3사분기 결산 단신을 바탕으로 작성(모두 제3사분기까지의 누계 실적)

도표 1-9 전년 대비 수입 물가

	전 연월 대비 수입 물가
2007년도	8.0
2008년도	0.7
2009년도	▲19.4
2009년 9월	**▲31.3**
10월	▲23.2
11월	▲11.3
12월	4.0
2009년 1월	10.9
2월	8.3
3월	4.5
4월	11.0
5월	14.4
6월	8.6
7월	4.6
8월	1.8

출처 : 일본은행

재무제표를 읽을 때의 포인트

재무제표를 분석할 때는 **매출액의 증가(감소)율과 매출원가나 판관비의 증가(감소)율에 주의해야 한다.** 특히 매출원가율은 '이익은 원가에서 나온다.'를 여실히 보여준다. 이와 함께 기업의 실적을 분석하거나 예측하려면 수입 물가나 기업 물가의 동향 등 거시경제의 동향에도 어느 정도 주의를 기울여야 한다.

향후 원자재 가격 상승에 주의가 필요하다

제지업계에서는 2009년 12월과 2010년 1월 출고량이 전년 동월을 웃돌며 시장 상황이 회복되는 경향이 보이기 시작했다. 앞으로 판매량이 증가하면 매출액의 증가가 예상되지만, 앞에서도 살펴봤듯이 제지업계는 시장 상황이 회복되면 원재료 가격도 증가세로 돌아서는 경향이 강하기 때문에 매출액의 증가율보다 원가율의 증가율을 억제할 수 있느냐가 이익 수준을 결정하게 된다.

세계적으로 보면 신흥국의 경기회복과 성장이 장기적으로 계속될 것으로 예상되는 가운데, 일본 국내의 수요 증가 속도가 그다지 빠르지 않을 경우에는 원재료 가격만 급등하지 않을까 우려된다. 만약 그렇게 된다면 매출이 증가해도 이익은 증가하지 않거나 오히려 감소할 수도 있다는 데 주의해야 한다.

거시경제적으로는 일본 국내의 잠재적인 생산능력과 실제 수요의 '수급 괴리'가 2010년 여름을 기준으로 GDP의 5퍼센트가 넘는 25조 엔 정도이다. 이 때문에 장기적으로 소비자물가가 하락하는 디플레이션 경향을 보이고 있다. 한편으로 앞에서 설명한 수입 물가가 2009년 말경부터 전년 대비 플러스로 반전되었다. 또 미국과 유럽, 중국 등도 2009년 여름 전후로는 소비자물가가 하락했지만 연말 무렵부터 상승세로 돌아섰다. 경기회복에 따라 자원 가격이 전해에 비해 상승했기 때문이다.

경기가 회복되면서 제지업계의 매출도 증가할 것으로 예상되지만,

매출의 증가 속도와 매출원가의 증가 속도 중 어느 쪽이 더 빠르냐에 주목해야 한다.

기초

매출원가와 제조원가는 다르다

매출원가에서 한 가지 중요한 점이 있다. 그것은 **매출원가와 제조원가는 다르다**는 것이다. 제조한 물건이 전부 그 기간의 매출원가가 되지는 않는다. 만든 물건 중에서 팔린 분량만 매출원가로 계상된다.

구입한 것, 만든 것은 일단 전부 대차대조표의 '재고자산'이 되는 것이 대원칙이다(정확히 말하면 재고자산은 원재료와 재공품, 상품, 제품 등으로 분류된다). 그중에서 팔린 분량만이 매출원가가 되는 것이다.

제조업 등에서 팔리지 않는 물건을 잔뜩 만들어도 그것이 당장 재조원가가 되지 않기 때문에 대량의 재고를 끌어안고 있으면서도 표면적으로는, 즉 손익계산서로는 이익이 난 것으로 나타나는 경우도 있다. 물건을 많이 만드는 편이 한 개당 비용은 줄어든다. 따라서 대량의 재고를 끌어안을 각오를 하고 대량생산하면 한 개당 매출원가는 하락한다. 물건을 많이 만들어서 재고를 끌어안는 편이 이익을 내기 쉬울 때가 있는 것이다.

제조에는 공장의 감가상각비 같은 고정비가 들어가는데, 똑같은 고정비를 들여 1,000개의 제품을 만드는 것보다 1만 개의 제품을 만드는 것이 한 개당 고정비 부담 비용은 낮아진다. 당연히 매출원가도 하락한다. 마음만 먹으면 '합법적으로' 분식을 할 수 있는 것이다. 회사 전체가 작당하지 않더라도 어느 부문의 책임자가 성적을 좋게 보이기 위해, 원가를 낮추기 위해 대량생산하는 경우가 있을 수 있다. 재고만 신경 쓰지 않으면 똑같은 수를 팔아도 많이 만드는 편이 표면적으로는 이익을 더 추가할 수 있는 것이다. 재무 회계상으로는 비용을 매출과 관련짓기 때문에, 달리 말하면 매출이 발생했을 때 그 비용을 계상하는 것을 원칙으로 삼기 때문에 발생하는 문제점이다(이 점이 재무 회계의 한계 중 하나다. 이 문제를 해결하기 위해 관리 회계에서는 '직접원가 계산'이라는 수법을 사용한다. 흥미가 있는 사람은 이 책의 시리즈인 《1초 만에 재무제표 읽는 법-기본편》이나 《1초 만에 재무제표 읽는 법-실전편》을 참조하기 바란다).

이 합법적인 '분식'에 속지 않으려면 제조업의 경우에는 대차대조표에서 '재고자산'의 증감을 확인하는 것이 중요하다. 재고자산이 매출액의 증가율에 비해 클 경우에는 팔리지 않은 재고를 끌어안고 있을 가능성도 있다.

비단 제조업이 아니더라도 재고의 증감은 꼭 확인해야 한다. 도매업이나 소매업의 경우도 구매 수량에 대한 '리베이트'가 있을 때가 있다. 즉 일정 수량까지 구매하면 리베이트나 볼륨 디스카운트를 받을 수 있는 경우가 있다. 그럴 경우에는 불필요한 분량까지 구매하기도 한다.

또 재고의 증가는 그대로 현금흐름의 악화로 직결되므로, 어쨌든 매출액의 증감 상황을 본 다음에는 재고의 증감을 확인할 필요가 있다.

불황을 이겨낸 〈도요타〉의 비용관리

매출액과 영업이익의 변화를 본다

지금까지 손익계산서를 분석하면서 세계 동시 불황기의 기업 수익성에 대해 설명했다. 이번에는 일본을 대표하는 기업인 〈도요타 자동차〉를 분석해 보자. 분석 대상은 2009년도 제1사분기(4~6월) 결산서다. 이 시기는 경기가 최악의 상황에서 벗어날 무렵인데, 일본뿐만 아니라 세계를 대표하는 제조 기업인 〈도요타 자동차〉의 상황은 어떠했을까? 사분기 결산서를 자세히 분석하면 여러 가지 사실을 알게 된다.

그러면 분석을 시작해 보자. 도표 1-10에는 〈도요타 자동차〉의 2008년도 제1사분기와 제3사분기, 제4사분기, 그리고 2009년도 제1사분기 연결손익계산서에서 발췌한 숫자와 그것을 가공한 숫자가 실려 있다. 연결이므로 자회사 등을 포함한 그룹 전체의 숫자다. 먼저 2009년 제1사분기의 매출액을 1년 전 같은 시기(2008년 제1사분기)와 비교해 보자. 2008년도 제1사분기에는 상품·제품과 금융의 합계 매출액이 6조 2,151억 엔이었지만, 2009년도에는 3조 8,360억 엔으로 1년 전에 비해 무려 38.3퍼센트나 하락했다. 특히 주로 자동차의 제조 판매와 관련된 상품·제품 매출액은 39.9퍼센트나 감소했다. 또 영업이익은 2008년 제1사분기에 약 4,125억 엔의 흑자였던 데 비해 2009년도에는 2,000억 엔에 가까운 적자를 계상했다. 그러나 도표 1-10을 보면 매출액은 2008년도 제3사분기 정도로는 회복되지 않았지만 제4사분기보다는 개선되었음을 알 수 있다. 영업이익은 제3사분기, 제4사분기보다 적자폭이 개선되었다. 리먼쇼크가 발생한 직후인 제3사분기부터 실적이 크게 하락하기 시작했는데, 최악이었던 제4사분기를 지나 2009년 제1사분기에는 아직 충분하지는 않지만 매출액과 이익 모두 회복되었다.

도표 1-10 〈도요타 자동차〉의 손익계산서(발췌)

	2008년도 제1사분기 (2008년 4~6월기)		2008년도 제3사분기 (2008년 9~12월기)	
	금액	비율	금액	비율
상품·제품 매출액	58,588		44,651	
금융수익	3,562		3,377	
매출액 합계	62,151		48,028	
매출원가	49,897	85.2%	41,550	93.1%
금융비용	**1,843**	**51.7%**	**3,525**	**104.4%**
판매비와 일반관리비	**6,284**	**10.1%**	**6,558**	**13.7%**
영업이익	4,125	6.6%	▲3,605	–

금융비용이 금융수익을 초과

판관비 증가

주 : 비율 : 매출원가율은 상품·제품 매출액에 대한 비율. 판매비율, 영업이익률은 매출액 합계에 대한 비율
출처 : 〈도요타 자동차〉 연결 결산 자료를 바탕으로 작성

세그먼트별로 분석한다

다음으로 상품·제품과 금융 등 각 수익의 추이를 살펴보자. 먼저 상품·제품을 살펴보면, 자동차의 제조 판매는 리먼쇼크 직후인 2008년도 제3사분기 매출액이 약 4조 4,651억 엔인 데 비해 매출원가는 4조 1,550억 엔으로 매출원가율이 93.1퍼센트이며 이익(매출총이익)은 3,101억 엔이었다. 제3사분기는 제1사분기에 비하면 매출액이 약 1조 4,000억 엔이나 감소한 반면에 매출원가율은 상승했기 때문에 이익액이 큰 폭으로 감소했다. 앞에서 설명한 반도체나 철강 업계와 같은 이유(기억하는가? '확정원가'였다)로 매출이 하락하자 원가율이 상승한 것으로 생각된다.

원가 하락과 판관비 억제로 채산은 개선되는 추세

(단위 : 억 엔)

2008년도 제4사분기 (2009년 1~3월기)		2009년도 제1사분기 (2009년 4~6월기)	
금액	비율	금액	비율
32,449		35,210	
2,914		3,149	
35,363		38,360	
34,096	**105.1%**	33,688	95.7%
2,034	69.8%	1,839	58.4%
6,058	**17.1%**	4,781	**12.5%**
▲6,825	–	▲1,948	–

매출액은 계속 감소

매출원가가 매출액 초과

매출액이 전 사분기를 웃돌았다

매출원가가 전년 대비 대폭 감소, 금융비용도 전년 동기 수준으로 저하

판관비 대폭 삭감

그리고 제4사분기에 접어들자 상황은 더욱 악화되었다. 매출액이 제3사분기보다 1조 2,000억 엔 이상 하락하는 동시에 매출원가율이 100퍼센트를 넘는 상황이 되어, 상품·제품에 관한 매출총이익은 약 1,647억 엔의 적자가 났다. 〈도요타 자동차〉 역사상 가장 힘든 시기였던 것이다.

2009년도에는 아주 조금이지만 빛이 보이기 시작했다. 상품·제품의 매출액이 그전 사분기에 비해 2,762억 엔 증가하고, 매출원가율도 여전히 높기는 하지만 100퍼센트가 넘던 상황에서 95.7퍼센트까지 개선되었다. 덕분에 상품·제품에 관한 매출총이익도 1,522억 엔의 흑자로 전환되었다. 매출원가의 절대액을 직전 사분기와 비교해 보면, 2008년도 제4사분기에 3조 4,000억 엔을 넘었던 데 비해 2009년도 제1사분기에는 3조 3,000억 엔대로 줄어들었다. 매출액이 2,761억 엔 증가했음에도 매출원가는 407억 엔 감소한 것이다. 경기후퇴로 자원 가격이 하락한 이유도 있지만, 내부에서 대폭적인 비용 삭감을 시행한 것이 아닐까 생각된다. 원가절감을 통해 제조 부문의 손익분기점 매출액을 낮추는 데 어느 정도 성공했다고 할 수 있다.

여담이지만, 앞에서 설명한 일본의 광공업 산업 생산지수가 최악이었던 시기는 2009년 2월이었는데(도표 1-4), 이는 일본 유수의 제조 기업인 〈도요타 자동차〉의 제조 부분의 실적 추이와 일치함을 알 수 있다.

금융 부문의 경우, 매출액의 절대액이 전체 매출액에서 차지하는 비중은 작지만 이익의 측면에서는 비교적 커다란 영향력을 지니고 있다.

특히 자동차 제조 판매 부문의 이익이 부진한 최근에는 그 영향력이 더욱 커졌다. 이익 면에서는 2008년도 제3사분기에 마이너스가 되었는데, 금융수익에 대한 금융비용의 비율과 그 부문의 매출총이익을 보면 2008년도 제1사분기 정도는 아니지만 제4사분기, 그리고 2009년도 제1사분기로 갈수록 수익력을 회복하고 있다.

판매비와 일반관리비는 철저히 삭감한다

또 주목해야 할 것은 판매비와 일반관리비(판관비)다. 도표 1-10에는 매출액에 대한 판관비의 비율(판관비율)이 실려 있다. 매출액이 감소함에 따라 판관비율이 크게 상승해, 2008년도 제1사분기에 10.1퍼센트였던 것이 제4사분기에는 17.1퍼센트에 이르렀다. 그러나 2009년도 제1사분기에는 그 수치를 12.5퍼센트까지 떨어뜨렸다. 판관비율이 하락한 요인은 매출액이 조금 상승한 것도 있지만, 주된 요인은 그 절대액이 줄어든 것이다. 여기에서도 철저한 경비삭감을 시행했음을 읽을 수 있다.

물론 연결영업이익은 이 시점에서는 아직 적자다. 또 국내와 해외, 특히 미국에서의 자동차 판매량이 전년도를 밑도는 힘든 상황이 계속되고 있다. 그러나 제1사분기에는 매출원가·판관비의 삭감과 환경자동차 감세 등으로 예상보다 수익이 더 개선되었다. 앞으로 매출액의 회복과 비용 삭감을 어디까지 기대할 수 있을지는 여전히 불투명하지만, 국내와 해외 경기가 회복되는 상황과 함께 향후 실적에 관심이 집중되고 있다(〈도요타 자동차〉에 대해서는 3장에서 그 후의 실적을 현금 흐름과 관련해 설명할 것이다).

IFRS, GAAP이면 읽는 법이 달라진다

종합 상사의 실적 추이

다음으로 종합상사의 실적에 대해 분석해 보자. 새로운 국제회계기준인 IFRS(International Financial Reporting Standards : 국제재무보고기준)에 대해서도 설명할 것이다. 분석 대상은 종합상사의 대표격인 〈미쓰비시 상사〉와 〈미쓰이 물산〉이다.

2008년 9월기와 2009년 9월기의 실적(모두 중간기)에 대해 알아보자. 도표 1-11에서 수익과 그 성장률을 보기 바란다('매출액'이 아니라 '수익'이라는 표현을 쓴 이유는 뒤에서 설명하겠다). 〈미쓰비시 상사〉와 〈미쓰이 물산〉 모두 수익이 전년 같은 반기에 비해 약 40퍼센트 하락했다. 2008년 9월에 발생한 리먼쇼크의 영향이 10월 이후에 나타난 것인데, 세계 동시 불황에 따른 경기후퇴가 종합상사에도 얼마나 큰 영향을 주었는지 알 수 있다.

참고로 2008년 3월기와 2009년 3월기의 본결산 숫자도 실었다(2008년 9월기는 2009년 3월기의 중간결산이 된다). 이것을 보면 2008년 3월기부터 2009년 3월기까지의 1년 수익은 그다지 큰 변화가 없음

도표 1-11 〈미쓰비시 상사〉와 〈미쓰이 물산〉의 실적 추이 : 실적은 2009년 3월 하반기에 바닥을 치고 회복 과정에 있다.

(단위 : 억 엔)

중간비로는 약 40퍼센트 감소 / 통기로는 거의 현상 유지

미쓰비시 상사	2008년 9월 중간기	2009년 9월 중간기	증감률	2008년 3월기	2009년 3월기	증감률
수익	36,661	21,825	▲40.5%	60,308	61,464	1.9%
원가	29,088	16,721	▲42.5%	48,585	46,832	**▲3.6%**
매출총이익	7,572	5,104	▲32.6%	11,722	14,631	24.8%
판매비와 일반관리비	4,393	4,122	▲6.2%	8,210	8,654	5.4%
법인세 차감 전 계속사업이익	**3,758**	**1,450**	**▲61.4%**	**5,525**	**3,882**	**▲29.7%**
(2009년 3월 하반기 이익)			하반기부터는 개선		(124)	
원가율	79.3%	76.6%		80.6%	76.2%	
매출총이익률	20.7%	23.4%		19.4%	23.8%	
판매비와 일반관리비율	**12.0%**	**18.9%**	대폭 상승	**13.6%**	**14.1%**	
법인세 차감 전 계속사업이익률	10.3%	6.6%		9.2%	6.3%	

중간비로는 약 40퍼센트 감소 / 통기로는 거의 살짝 감소

미쓰이 물산	2008년 9월 중간기	2009년 9월 중간기	증감률	2008년 3월기	2009년 3월기	증감률
수익	33,326	20,069	▲39.8%	57,388	55,352	▲3.5%
원가	27,039	16,623	▲38.5%	47,508	45,189	**▲4.9%**
매출총이익	6,286	3,446	▲45.2%	9,880	10,163	2.9%
판매비와 일반관리비	3,121	2,646	▲15.2%	6,051	6,021	▲0.5%
법인세 차감 전 계속사업이익	**3,101**	**557**	**▲82.0%**	**4,020**	**2,473**	**▲38.5%**
(2009년 3월 하반기 이익)			하반기부터는 개선		(▲628)	
원가율	81.8%	82.8%		82.8%	81.6%	
매출총이익률	18.8%	17.1%		17.2%	18.4%	
판매비와 일반관리비율	**9.4%**	**13.2%**	대폭 상승	**10.5%**	**10.9%**	
법인세 차감 전 계속사업이익률	9.3%	2.7%		7.0%	4.4%	

출처 : 각 회사의 결산서를 바탕으로 작성

을 알 수 있다. 〈미쓰비시 상사〉는 아주 조금 증가했을 뿐이다. 중간결산의 숫자와 종합해서 생각하면 2008년 하반기 이후, 즉 리먼쇼크 이후의 수익 하락이 얼마나 컸는지 알 수 있다. 2009년 3월기는 상반기의 호조로 간신히 실적을 유지했다고 할 수 있다.

재무제표를 읽을 때의 포인트

본결산의 1년간의 숫자뿐만 아니라 사분기나 반기의 숫자를 보면 실적의 커다란 동향을 파악할 수 있다. 현재 상장기업은 사분기 결산을 개시하도록 의무화되었다. 다만 사분기 결산은 본결산만큼 개시 내용이 상세하지 않을 때가 있다. 지금은 인터넷에서 각 기업의 '결산 단신' 등을 볼 수 있으므로 흥미 있는 회사의 재무제표를 살펴보기 바란다. 표를 읽는 능력을 키우기 위해서는 많은 재무제표를 보는 것도 중요하다.

매출 급감기에는 비용 컨트롤이 어렵다

그러나 더욱 자세히 들여다보면, 일반적으로 매출액에 해당하는 수익은 통기 단위로는 간신히 전년도의 수준을 유지했지만 '법인세 차감 전 계속사업이익'(경상이익에 해당하지만, 관련 회사의 수익 등을 제외한다)을 보면 수익이 대폭 감소했다. 게다가 2009년 3월기와 그 중간기인 2008년 9월기의 숫자를 비교하면 〈미쓰비시 상사〉는 이익의 대부분을 상반기에 벌어들였음을 알 수 있다. 〈미쓰이 물산〉은 하반기에 적자가 났다. 본결산과 중간결산의 차액으로 하반기 이익액을 계산해 보면 〈미쓰비시 상사〉는 124억 엔의 흑자, 〈미쓰이 물산〉은 629억 엔의 적자다.

다음 연도에 들어와 2009년 9월의 중간결산에서는 두 회사 모두 흑자를 냈다. 2009년 3월기보다도 이익 수준이 상승했다. 두 회사 모두 전년도 하반기에 비하면 이익이 대폭 증가했음을 알 수 있다. 이렇게 생각하면 전년도 하반기에 실적이 바닥을 치고 그 후로는 회복 과정에 있다고 할 수 있다.

그러나 이 시기에는 아직 충분히 회복되지 않았다는 것을 수익을 보면 알 수 있다. 도표 1-11의 각 중간기의 수익에 대한 판매비와 일반관리비(판관비)의 비율(판관비율)을 보면 더욱 확연히 나타난다. 〈미쓰비시 상사〉는 2008년 9월 중간기에 12.0퍼센트였던 판관비율이 2009년 9월기에는 18.9퍼센트로 껑충 뛰었다. 〈미쓰이 물산〉은 9.4퍼센트에서 13.2퍼센트로 역시 대폭 상승했다. 즉 수익이나 매출총이익은 대폭 하락했지만, 판관비는 절대액이 줄어들기는 했어도 수익이나 매출총이익만큼 감소시키지 못한 것이다. 판관비에는 인건비나 임대료 등 갑자기 줄일 수 없는 것도 적지 않다. 이럴 경우에는 수익을 원래 수준으로 회복시키거나 수익의 하락에 맞춰 판관비를 삭감하지 않으면 이익 수준을 상승시킬 수 없다. 다만 2008년 3월기나 2008년 9월 중간기까지는 세계적인 자원과 에너지 가격 급등이 두 회사의 수익과 이익을 끌어올렸다는 측면도 있다. 향후의 수익·이익의 동향이 주목된다.

종합상사의 재무제표로 이해하는 회계 기준의 차이

앞에서 두 회사는 '매출액'이 아니라 '수익'이라는 표기를 사용한다고 했다. 이것은 두 회사가 '미국회계기준'으로 재무제표를 개시하기 때문이다. 손익계산서에는 〈미쓰비시 상사〉의 경우 "또 일본의 회계기준에 따른 '매출액'과 '영업이익'은 다음과 같습니다."라는 주석이 달려 있으며, 이를 보면 2009년 3월기에는 매출액이 22조 3,891억 엔, 영업이익이 5,889억 엔이었다. 〈미쓰이 물산〉의 손익계산서에는 매출액이 15조 3,479억 엔이라고 괄호 안에 표기되어 있다.

앞에서 살펴봤듯이 두 회사의 같은 시기의 '수익'은 각각 6조 1,464억 엔과 5조 5,352억 엔이므로 '매출액'과 '수익' 사이에는 3배 정도의 차이가 있다. 두 회사는 미국회계기준에 따라 재무제표를 개시하기 때문에 일본의 회계 관행과 미국회계기준의 차이에 따라 수익이 매출액에 비해 크게 감소했다. 미국회계기준에서는 거래 중개에 따른 수익의 경우 취급한 상품 자체의 매매액이 아니라 판매 차익(마진) 부분만을 계상하기 때문이다. 이 때문에 거래 중개로 매매를 해도 그 매매 차익만을 매출액으로 계상할 수 있다. 종래에 종합상사는 매출액으로 그 규모를 겨루던 측면이 있었는데, 미국에서 감사 기준이 엄격해짐에 따라 2004년 3월기부터 〈미쓰비시 상사〉와 〈미쓰이 물산〉 등 5개 대형 종합상사는 미국회계기준으로 매출액을 계상하게 되었다. 그리고 기존의 '매출액'과 구분하기 위해 '수익'이라는 표현을 썼다.

한편 현재 일본에서는 IFRS 도입이 검토되고 있다. IFRS가 도입되면 매출액의 계상 방법은 앞에서 살펴본 종합상사처럼 미국회계기준에 가까운 형태가 될 예정이다. 자사가 재고 리스크나 대금 회수의 신용 리스크가 없는 거래의 경우는 취급한 금액이 아니라 매매 차액만을 매출액으로 계상하게 된다. 이에 따라 큰 영향을 받을 것으로 예상되는 곳이 백화점 업계다. 백화점 업계에는 팔린 분량만큼만 매입한 것으로 처리하는 '소화 매입'이라고 부르는 상습관이 있는데, IFRS에서는 소화 매입 분량은 매매 차익만이 매출액이 될 가능성이 크다.

어쨌든 IFRS가 앞으로 도입되면 재무제표를 보는 법도 달라질 것이다.

기초

IFRS란 무엇인가?

우리말로는 '국제재무보고기준'으로 번역되는데, '국제회계기준'이라고 부르기도 한다. 미국의 회계기준은 FAS(Financial Accounting Standards: 재무회계기준)라고 하며, 유럽의 회계기준은 IAS(International Accounting Standards: 국제회계기준)인데, 이 둘을 통합해 IFRS로 수렴시킬 예정이다. 유럽회계기준을 만들어온 국제회계

기준심의회가 중심이 되어 IFRS를 작성해 왔는데, 미국회계기준을 만들고 있는 재무회계기준심의회도 여기에 가담했다.

앞에서 소개한 매출액의 기준이나 자산과 부채를 시가 평가해 순자산의 증감액을 이익에 포함시키려 하는 '포괄 이익'이라는 개념 등이 도입된다.

일본에서는 IFRS에 대한 도입 여부를 2012년까지 정식 결정할 예정인데, 2010년 3월기 결산부터 시험적으로 도입한 기업도 있다.

우리나라는 2011년에 IFRS를 한국어로 번역한 한국채택국제회계기준(K-IFRS)을 전면 도입했다.

세그먼트 정보로 사업을 분석한다

세그먼트 정보는 사업 분석 정보의 보고(寶庫)

슈퍼스토어와 편의점이 주력 사업인 기업 그룹을 분석해 보자. 많은 업종을 보유한 기업 그룹을 분석할 때는 '결산 단신'에 실려 있는 '세그먼트 정보'를 보면 그 내용이 더욱 선명해진다. 각 기업의 결산 단신은 회사 홈페이지에서 볼 수 있으므로 궁금한 회사가 있으면 살펴보기 바란다.

소매업계 역시 세계 동시 불황의 영향으로 실적이 악화되었는데, 여기에서는 〈세븐&아이 홀딩스〉(이하 세븐&아이)와 〈이온〉을 분석해 보

자. 먼저 〈세븐&아이〉는 2010년 2월 결산에서 영업수익(본업인 소매업의 매출액에 '기타 영업수익'을 더한 것)이 9.5퍼센트나 감소했다. 1년 전인 2009년 2월기의 전년 대비 감소율이 1.8퍼센트였던 것을 생각하면 2010년 2월기는 매우 힘든 해였다고 할 수 있다. 또한 영업이익도 2009년 2월기에는 전년도에 비해 0.3퍼센트 증가했지만 2010년 2월기에는 19.6퍼센트 감소했다. '리먼쇼크'에 따른 소비 부진이 크게 작용했다고 할 수 있다.

〈세븐&아이〉의 실적을 세그먼트 정보를 바탕으로 좀더 자세히 분석해 보자. 먼저 주력 사업인 '편의점 사업'의 매출액이 14.7퍼센트나 감소했다. 그 주된 원인으로는 미국 세븐일레븐 사업에서 휘발류 가격의 하락으로 휘발류 매출이 감소한 점, 그리고 엔화의 환율이 전해에 비해 1달러당 10엔 가까이 상승했다는 점이다. 즉 해외에서의 매출 감소가 큰 영향을 끼쳤다고 할 수 있다. 일본 국내에서도 고전을 면치 못했다. 그런 탓에 영업이익은 2009년 2월기에 전년 대비 6.1퍼센트 증가한 2,133억 엔이었지만, 2010년 2월기에는 13.8퍼센트 감소한 1,838억 엔까지 하락했다.

여기에서 주목해야 할 점은, 〈세븐&아이〉 전체의 영업이익 2,266억 엔 중에서 80퍼센트 이상을 편의점 사업으로 벌어들이고 있다는 사실이다. 매출액의 경우 도표 1-12에서도 알 수 있듯이 2010년 2월기에는 슈퍼스토어 사업이 조금이나마 더 많았지만, 이익의 대부분은 편의점 사업이 벌어들였다. 소매 사업만을 생각하면 이러한 경향은 더욱 심하다. 이 사업의 매출액 영업이익률은 9.3퍼센트인데, 편의점 사업의 이익 수준이 〈세븐&아이〉의 이익 동향을 크게 좌우한다고 할 수 있다.

한편 슈퍼스토어 사업의 매출액은 전년 대비 마이너스 5.1퍼센트로 편의점 사업만큼 감소율이 크지 않다. 그 요인으로는 슈퍼스토어 사업이 일본 국내 중심(이토요카도 174점포, 요크베니마루 164점포인 데 비해 중국에는 합계 14점포)이라 편의점 사업처럼 환율(엔화 강세)의 영향을 받지 않았다는 점을 들 수 있다. 그러나 영업이익액은 무려 42.7퍼센트나 감소했다. 매출액은 편의점 사업과 비슷한 수준임에도 경비가 절감되지 않아 원래부터 낮았던 이익률이 더욱 떨어진 것이다. 2009년 2월기에도 1.2퍼센트에 불과했던 매출액 영업이익률은 더욱 낮아져 0.7퍼센트까지 떨어졌다.

게다가 세이부백화점와 소고백화점을 중심으로 하는 백화점 사업의 경우, 매출액은 7.1퍼센트밖에 하락하지 않았지만 이익은 무려 92.9퍼센트나 감소하여 13억 엔으로 아슬아슬하게 적자를 모면했다.

이런 상황 속에서 홀로 기염을 토한 세그먼트가 금융 관련 사업이다. 〈세븐은행〉의 ATM 설치 대수가 늘어나고 '나나코nanaco' 카드의 발행 매수가 대폭 증가해 1,000만 매에 육박한 것이 크게 공헌했다. 회계기준의 변경으로 매출액은 11.6퍼센트 감소했지만 영업이익은 18.5퍼센트 증가한 301억 엔으로 순조롭게 사업을 확대하고 있는 동시에 〈세븐&아이〉의 안정된 수익원이 되고 있다.

도표 1-12 〈세븐&아이〉와 〈이온〉의 실적 추이 :

〈세븐&아이 홀딩스〉 (단위 : 억 엔)

통기	2009년 2월기	비율	2010년 2월기	비율	증감률
영업수익	**56,499**	**100.0%**	**51,112**	**100.0%**	**▲9.5%**
매출액	50,947	90.2%	45,498	89.0%	▲10.7%
매출원가	37,895	74.4%	33,555	73.8%	▲11.5%
판매비와 일반관리비	15,784	**27.9%**	15,290	29.9%	▲3.1%
영업이익	**2,818**	**5.0%**	**2,266**	**4.4%**	**▲19.6%**
당기순이익	923	1.6%	448	0.9%	**▲51.4%**

대폭 감수

판관비를 삭감했지만 판관비율은 상승

대폭 감수

세그먼트별	2009년 2월기		2010년 2월기		영업이익 증감률
	영업수익	영업이익	영업수익	영업이익	
편의점	**23,086**	**2,133**	**19,685**	**1,838**	**▲13.8%**
슈퍼스토어	21,250	247	20,165	141	**▲42.7%**
백화점	9,938	183	9,228	13	▲92.5%
푸드서비스	1,027	▲29	864	▲27	▲7.0%
금융 관련	1,248	254	1,104	301	**18.5%**
기타	350	20	336	5	▲75.0%

이익의 대부분을 벌어들인다

감익률이 크다

유일한 증익 사업

〈이온〉 (단위: 백만 엔)

통기	2009년 2월기	비율	2010년 2월기	비율	증감률
영업수익	**52,307**	**100.0%**	**50,543**	**100.0%**	**▲3.4%**
매출액	47,060	90.2%	45,425	89.9%	▲3.5%
매출원가	33,742	71.4%	32,691	72.0%	▲3.1%
판매비와 일반관리비	17,321	**33.1%**	16,550	32.7%	▲4.5%
영업이익	**1,243**	**2.4%**	1,301	**2.6%**	**4.7%**
당기순이익	▲27	–	311	0.6%	흑자화

소폭 감수

판관비율 저하

이익 향상

세그먼트별	2009년 2월기		2010년 2월기		영업이익 증감률
	영업수익	영업이익	영업수익	영업이익	
종합 소매업	42,151	**553**	40,864	**441**	20.3%
전문점	5,967	▲180	5,437	▲6	적자 축소
디벨로퍼	1,581	**395**	1,655	**380**	3.8%
서비스 등	9,394	479	10,707	437	8.8%

안정된 수익

주 : 각 회사의 결산 자료를 바탕으로 작성. [영업수익은 매출액에 기타 영업수익을 더한 것, 매출원가율은 매출액에 대한 원가율, 그 외에는 영업수익에 대한 비율. 증감률은 금액의 전년 동기 대비]

다만 금융 사업의 증익만으로는 소매업의 부진을 메울 수 없기 때문에 전체적인 실적은 앞에서 설명한 바와 같이 대폭적인 감수감익을 기록했다.

사업 포트폴리오를 분석할 수 있다

〈이온〉은 〈세븐&아이〉에 비해 실적이 회복되고 있는 것이 보인다. 영업수익은 2010년 2월기에 전년 대비 3.4퍼센트 감소했지만 영업이익은 전기 대비 2.6퍼센트 증가했으며, 당기순이익은 전기의 적자에서 흑자로 돌아서는 데 성공했다.

흑자를 내기까지에는 비용 삭감이 크게 기여했다. 매출원가율은 약간 증가했지만 매출액에 대한 판관비율의 삭감에 어느 정도 성공했다고 할 수 있다. 판관비율의 삭감률은 0.4퍼센트에 불과하지만 영업수익의 절대액이 5조 엔으로 크기 때문에 비율로는 얼마 되지 않아도 이익의 개선액은 적지 않다. 〈세븐&아이〉의 판관비율이 증가했음을 생각하면 〈이온〉의 비용 삭감 노력은 더욱 적극적이었다고 할 수 있다. 이는 제4사분기만 보면 더욱 뚜렷해서, 판관비율의 개선이 영업이익의 증가에 크게 기여했음을 알 수 있다.

게다가 〈이온〉에서는 '880엔 시리즈' 등 '톱밸류' 브랜드의 저가 상품을 적극적으로 선보였는데, 소비자의 저가 선호 심리 등에 힘입어 이 브랜드의 매출이 20퍼센트 이상 증가한 것도 수익력 회복에 공헌했다. GMS(종합 슈퍼스토어) 사업의 경우, 기존 점포 매출액은 5퍼센트 정도 감소했지만 내점 객수는 전년도에 비해 증가했다. GMS 등을 포함하는 〈이온〉의 '종합 소매 사업'은 비록 감수감익이지만 개선의 조짐이 보이기 시작했다고 할 수 있다.

또 쇼핑몰을 전개하는 '디벨로퍼 사업'은 수익이 감소하기는 했지만 380억 엔의 안정된 영업이익을 냈으며, 신용카드와 전자화폐 등의 금융 사업을 포함하는 '서비스 사업'도 427억 엔의 영업이익을 냈다. 미국 탈봇사(2011년 이후는 매각에 따라 연결 대상 외) 등의 '전문점 사업'은 여전히 적자이기는 하지만 적자폭을 줄였기 때문에 전체적으로는 이익 수준이 향상되었다.

앞으로도 일본 국내에서는 최종 소비재의 디플레이션 경향이 남아 있는 가운데 수입 원자재 등의 가격이 올라 매입 가격이 증가될 것으로 예상된다. 〈세븐&아이〉와 〈이온〉이 비용 삭감과 상품 개발의 성과를 얼만큼 발휘할 수 있을지 귀추가 주목된다.

재무제표를 읽을 때의 포인트

세그먼트 정보를 분석하면 기업이 어떤 업종의 사업을 조합하고 있는지 알 수 있다. 이 조합을 '**사업 포트폴리오**'라고 한다. 복수의 사업을 조합해 수익의 극대화를 꾀함과 동시에 불황기에도 실적이 크게 하락하지 않도록 하는 것이다.

금융 사업은 어느 정도까지 키우면 안정된 수익을 낳음과 동시에 고

수익 사업이 될 때가 적지 않다. 여기에서 소개한 유통업뿐만 아니라 〈도요타〉 등의 자동차 회사도 리스 사업 등 금융 사업에 뛰어들고 있으며, 〈소니〉도 소니은행 등의 금융업을 갖고 있다.

해외 사업은 환율의 영향을 크게 받는다

앞에서 〈세븐&아이〉의 미국 편의점 사업(세븐일레븐)의 매출액이 엔화 강세의 영향을 받았다고 설명했는데, 엔화 강세는 손익계산서뿐

도표 1-13 〈세븐&아이 홀딩스〉의 순자산 변

(단위 : 백만 엔)

	당 제1사분기 연결 회계기간 말 (2010년 5월 31일)	전 연결 회계연도 말에 관한 요약 연결대차대조표 (2010년 2월 28일)
순자산 변		
주주자본		
자본금	50,000	50,000
자본잉여금	576,069	576,069
이익잉여금	1,171,275	1,172,263
자기주식	▲56,478	▲9,270
주주자본 합계	1,740,866	1,789,065
평가·환산 차액 등		
기타 유가증권 평가 차액금	4,200	3,227
이연 헤지 손익	▲449	▲549
외화환산 손익조정계정	▲65,605	▲69,776
평가·환산 차액 등 합계	**▲61,855**	**▲67,097**
신주 예약권	688	721
소수주주지분	71,581	71,251
순자산 합계	1,751,280	1,793,940
부채 순자산 합계	3,599,894	3,673,605

만 아니라 대차대조표에도 큰 영향을 끼칠 때가 있다. 해외에 자산을 많이 보유하고 있는 기업은 결산을 할 때 그 자산을 결산 당시의 환율에 따라 엔화로 환산한다. 그런데 엔화 강세가 되면 자산이 감소하며, 자본금은 원칙적으로 취득 시의 환율로 환산하기 때문에 그 환산 차액이 순자산을 감소시킨다. 도표 1-13에는 〈세븐&아이〉의 순자산 변의 '외화환산 손익조정계정'을 실었다. 이것을 보면 크게 마이너스가 되었음을 알 수 있다(대차대조표에 관해서는 다음 장에서 설명한다).

불황에 더욱 강한 〈유니참〉의 세그먼트 정보 분석

리먼쇼크 후에도 실적을 끌어올린 〈유니참〉

지금까지 살펴본 많은 기업의 손익계산서에서도 알 수 있듯이, 리먼쇼크는 2차 세계대전 이후 최대의 경기후퇴를 불러왔으며 기업의 실적에도 커다란 영향을 끼쳤다. 앞에서 분석한 기업 중에는 2007년도에 절호조였지만 2008년도에 큰 적자를 계상하고 그 후에도 고전을 면치 못하고 있는 곳이 적지 않다. 그런데 이런 상황 속에서 실적 호조를 유지한 기업도 있다. 〈유니참〉도 그런 기업 중 하나다. 일본 경제 전체가 세계 동시 불황의 영향을 고스란히 받은 2009년 3월기 결산을 분석해 〈유니참〉이 승승장구하는 비결을 찾아보자. 여기에서도 세그먼트 정보를 분석할 것이다. 사업별과 지역별 세그먼트다.

먼저 연결손익계산서를 살펴보자. 연결이므로 그룹 전체의 수익 상황이다. 손익계산서를 볼 때는 매출액이 증가했는지를 확인한다. 〈유니참〉의 경우, 2008년 3월기의 매출액은 3,368억 6,400만 엔인 데 비해 2009년 3월기에는 3,478억 4,900만 엔으로 3.3퍼센트 증가했다. 매출액은 사회에서 그 회사의 존재 가치를 나타내므로 매출액의 증가는 중요하다. 특히 점유율의 증가는 그 기업의 포지셔닝을 높여 가격이나 마케팅 전략을 펼치기가 더 수월해진다는 이점이 있다.

도표 1-14에는 나와 있지 않지만, 매출액이 3퍼센트가량 증가했음에도 자산의 증가율은 1퍼센트 정도이기 때문에 자산효율을 나타내는 자산회전율(매출액÷자산)도 향상되었다.

매출원가율(매출원가÷매출액)을 비교해 보면, 전전기에는 58.2퍼센트였지만 전기에는 59.3퍼센트로 1퍼센트가 조금 넘게 상승했다. 연도 전반기에 세계적인 자원 가격 상승과 그에 따른 물가 상승이 있었기 때문에 원가가 오른 것으로 생각된다. 그러나 매출액에 대한 판매비와 일반관리비의 비율(판관비율)을 보면 전전기에 31.3퍼센트였던 것을 전기에는 30.7퍼센트로 줄여 마치 매출원가율의 상승을 상쇄시키듯이 1퍼센트 감소시켰다. 비용 조정이 잘 되고 있다고 할 수 있다. 그 결과 영업이익률은 전전기와 똑같은 10.0퍼센트를 유지했으며, 앞에서 말했듯이 매출액이 증가했기 때문에 그만큼 영업이익의 절대액도 증가해 증익을 확보했다.

경상이익은 영업외손실로 26억 6,700억 엔의 '외환차손'을 계상함에 따라 전기보다 조금 적은 316억 700만 엔이 되었다. 2009년 가을 이후 계속된 엔화 강세로 외환차손이 발생한 것으로 생각된다.

특별이익과 특별손실, 그리고 세금을 조정한 뒤의 당기순이익은 전전기의 166억 8,300만 엔보다 많은 171억 2,700만 엔을 계상했으며, 매출액에 대한 순이익률은 4.9퍼센트로 전전기와 거의 같은 이익률을 확보했다.

도표 1-14 증수증익을 계속하는 〈유니참〉

(단위 : 백만 엔)

	2008년 3월기	구성비(%)	2009년 3월기	구성비(%)
매출액	**336,864**	→	**347,849**	(3.3% 증수)
매출원가	**196,130**	**58.2**	**206,209**	**59.3**
매출총이익	140,734		141,640	
판매비와 일반관리비	**107,002**	**31.8**	**106,756**	**30.7**
영업이익	33,731	→	34,883	(3.3% 증수)
영업외수익	2,021		1,843	
영업외비용	3,425		5,119	
지급이자	457		310	
매출할인	1,574		1,886	
외환차손	1,239	→	2,667	
기타	153		254	
경상이익	32,327	→	31,607	
특별이익	398		26	
특별손실	832		4,178	
세금 등 조정 전 당기순이익	31,893		27,456	
당기순이익	**16,683**	→	**17,127**	(2.7% 최종 증익)

자원 가격 급등의 영향을 판관비 절감으로 대처

외환 차손의 증가로 경상이익 감소

출처 : 〈유니참〉의 2009년 3월기 결산 단신을 바탕으로 작성. [괄호 안은 전년 대비]

사업별 세그먼트를 분석하면 매출 상승의 원인이 드러난다

이번에는 세그먼트별로 살펴보자. 〈유니참〉에서는 사업의 종류를 '퍼스널 케어'와 '펫 케어', '기타'로 분류하고 있다. 퍼스널 케어에는 베이비 케어와 패밀리 케어, 헬스 케어가 포함되며, 펫 케어에는 펫 푸드와 펫 토일레트리가 포함된다. 그리고 기타에는 식품포장재와 산업자재, 파이낸스 업무가 있다.

매출의 비율을 살펴보면 2009년 3월기에는 퍼스널 케어가 전체의 83.9퍼센트를, 펫 케어가 12.8퍼센트(나머지는 기타)를 차지했다. 2008년 3월기와 비교할 때 그다지 큰 차이는 없지만, 퍼스널 케어가 1퍼센트 정도 감소하고 그만큼 펫 케어가 증가했다.

그러나 도표 1-15의 영업이익률을 보자. 퍼스널 케어는 2008년에 9.7퍼센트였던 것이 2009년에는 9.4퍼센트로 아주 조금이지만 감소했다. 한편 펫 케어의 영업이익률은 2008년에 12.8퍼센트였던 것이 14.8퍼센트로 2퍼센트나 개선되었다. 즉 매출비율이 떨어진 퍼스널 케어는 이익률이 약간 감소했지만, 매출액을 11퍼센트 가까이 성장시키며 전체 매출액에서 차지하는 비율을 높인 펫 케어가 이익률을 높인 것이다. 이에 따라 전체 영업이익률은 전년도와 같은 수준을 유지할 수 있었다.

펫 케어의 이익률 상승은 매출액의 상승에 따른 것으로 생각할 수 있다. 제조업의 경우 매출액이 상승해도 설비투자 등 고정비의 증가가 적으면 이익률은 개선되기 때문이다(한편 매출이 증가함에 따라 현재의 설비로는 수요를 감당할 수 없어 대대적인 설비투자가 필요할 경우에는 이익률이 일시적으로 떨어질 수 있다).

도표 1-15 〈유니참〉의 세그먼트별 수익 동향

(단위 : 백만 엔)

사업별 세그먼트		퍼스널 케어	펫 케어	기타	기타
2008년 3월기	외부에 대한 매출액	285,325	40,224	11,314	336,863
	(비율)	84.7%	11.9%	3.4%	100.0%
	영업이익	27,574	5,138	905	33,617
	영업이익률	**9.7%**	**12.8%**	8.0%	**10.0%**
2009년 3월기	외부에 대한 매출액	291,714	44,582	11,552	347,848
	(비율)	839%	12.8%	3.3%	100.0%
	영업이익	27,507	6,581	714	34,802
	영업이익률	**9.4%**	**14.8%**	6.2%	**10.0%**

지역별 세그먼트		일본	아시아	유럽 · 중동	합계
2008년 3월기	외부에 대한 매출액	217,474	72,421	46,967	336,862
	(비율)	64.6%	21.5%	13.9%	100.0%
	영업이익	24,024	8,497	1,206	33,727
	영업이익률	**11.0%**	**11.7%**	2.6%	10.0%
2009년 3월기	외부에 대한 매출액	222,471	79,939	45,439	347,849
	(비율)	64.0%	23.0%	13.1%	100.0%
	영업이익	23,376	9,918	1,448	34,742
	영업이익률	**10.5%**	**12.4%**	3.2%	10.0%

출처 : 〈유니참〉의 결산 단신을 가공. [반올림과 내부 소거 등으로 합계에 오차 있음]

지역별 세그먼트 정보를 반드시 확인한다

〈유니참〉에서는 지역별 세그먼트 정보도 개시하고 있다. 이것을 보면 일본과 아시아, 유럽·중동의 세 지역으로 나눠서 매출액과 영업이익 등을 개시한다.

매출액의 점유율은 2009년 3월기에 일본이 64.0퍼센트, 아시아가 23.0퍼센트, 유럽·중동이 13.1퍼센트였다(반올림을 했기 때문에 합계가 100퍼센트가 아니다). 2008년 3월기에 비해 아시아의 비율이 증가했다(일본 64.6퍼센트, 아시아 21.5퍼센트, 유럽·중동 13.9퍼센트).

한편 영업이익률을 지역별로 보면, 일본이 2008년 3월기에 11.0퍼센트에서 2009년 3월기에는 10.5퍼센트로 떨어진 데 비해 아시아는 11.7퍼센트에서 12.4퍼센트로 개선되었다. 유럽·중동은 원래 낮았던 영업이익률이 약간 개선되었다. 매출액과 이익 모두 큰 비중을 차지하는 일본의 이익률이 조금 감소한 가운데 매출액이 10퍼센트 증가해 전체에서 차지하는 비율을 높인 아시아의 이익률이 높아짐으로써 전체적인 이익률을 유지할 수 있었다.

〈유니참〉은 대차대조표상으로도 안정성이 높은 기업이다. 유이자 부채도 은행과의 '관계 유지용' 수준으로 적다. 자기자본비율(순자산÷자산)도 67퍼센트로 매우 높다고 할 수 있다. 이렇게 자기자본비율이 높으면 주주자본의 조달 비용(=주주의 기대수익 : 유이자 부채보다도 높다고 할 수 있다)과의 관계상 높은 이익률을 내지 않으면 주가가 충분히 반영되지 않는다는 우량기업 특유의 '고민'도 발생할 수 있다. 그러나 〈유니참〉은 자산이익률(ROA=영업이익÷자산)이 12.5퍼센트로 높은 수준이라 문제는 없을 것으로 생각된다.

어쨌든, 〈유니참〉을 볼 때는 성숙된 일본 시장에서 펫 케어 부문이 얼마나 성장할지, 또 아시아 시장에서 매출이 얼마나 성장할지가 관심 포인트다.

Point

재무제표를 읽을 때의 포인트

업종별뿐만 아니라 지역별 세그먼트 정보를 분석하는 것도 중요하다. 매출액이나 이익액 또는 이익률이 향상된 부분과 매출액이나 이익이 감소한 부분을 훌륭히 메워주고 있는 기업은 역시 강하다고 할 수 있다. 또 어느 분야나 지역을 성장시키려 하고 있는지, 그리고 실제로 성장하고 있는지를 세그먼트 정보로 확인할 수 있다. 장래성도 확인할 수 있는 것이다.

대차대조표로 위기 속 기업의 안전성을 검증한다

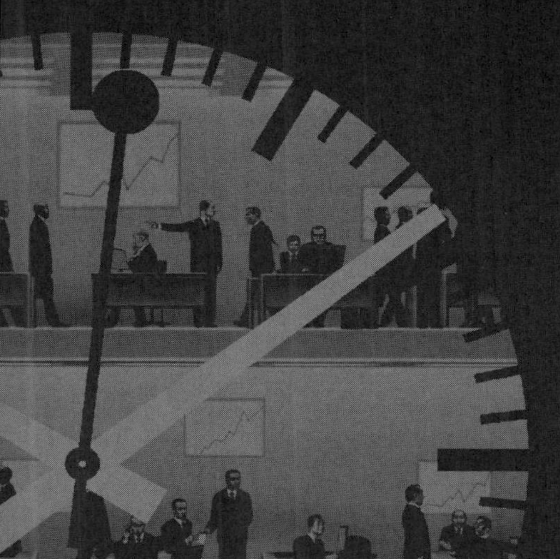

세계 동시 불황 때 대차대조표에 나타난 안정성의 추이에 대해 기업들이 어떻게 대응했는지를 알아본다. 또한 안정성의 지표에는 어떤 것들이 있는지도 다룬다.

2장에서는 세계 동시 불황기의 대차대조표에 나타난 안전성의 추이에 대해 기업이 어떻게 대응했는지 살펴보자. 기업의 대응을 살펴보면 꽤 흥미로운 점을 알 수 있다. 또한 대차대조표의 개요를 설명하고 '단기유동성'과 '당좌비율', '유동비율', '자기자본비율' 등 안전성의 지표에 대해서도 알아보자.

대차대조표의 구성

먼저 대차대조표에 대해 알아보자. 이미 잘 알고 있는 사람은 건너뛰어도 무방하다. 대차대조표는 기업의 안전성을 분석할 때 가장 중요한 재무제표인데, 익숙해지면 쉽게 읽을 수 있다. 원칙적으로 대차대조표는 좌우로 나뉘어 있다. 왼쪽이 '자산 변'이며, 오른쪽이 '부채 변'과 '순자산 변'이다. 예시로 〈가오〉의 대차대조표를 실었다.

도표 2-1 〈가오〉의 대차대조표

(단위 : 백만 엔)

	전 연결회계연도 (2009년 3월 31일)	당 연결회계연도 (2010년 3월 31일)
자산		
유동자산		
현금과 예금	53,830	70,185
받을 어음과 외상판매대금	126,584	127,592
유가증권	54,714	46,071
상품과 제품	80,310	73,167
재공품	16,344	11,246
원재료와 저장품	21,393	22,711
선급 비용	5,401	5,488
이연 법인세 자산	24,873	20,235
기타	21,902	19,013
대손충당금	▲1,528	▲1,208
유동자산 합계	403,826	393,971
고정자산		
유형 고정자산		
건물과 구축물	310,449	314,808
감가상각 누계액	▲229,682	236,404
건물과 구축물(순액)	80,767	78,403
기계장치와 운반구	615,840	623,326
감가상각 누계액	▲535,245	▲544,908
기계장치와 운반구(순액)	80,596	781,418
공구, 기구와 비품	73,132	77,568
감가상각 누계액	▲60,979	65,152
공구, 기구와 비품(순액)	12,152	12,416
토지	65,469	63,862
리스 자산	9,755	11,610
감가상각 누계액	▲979	▲1,942
리스 자산(순액)	8,776	9,667
건설 가계정	9,713	9,075
유형 고정자산 합계	257,474	251,844
무형 고정자산		
영업권	206,264	195,754
상표권	108,137	89,357
기타	34,043	28,822
무형 고정자산 합계	348,445	313,934
투자와 기타 자산		
투자유가증권	12,320	13,238
장기 대부금	1,842	1,907
장기 선급 비용	13,066	3,402
이연 법인세 자산	63,263	61,360
기타	19,636	16,521
대손충당금	▲198	▲430
투자와 기타 자산 합계	109,930	105,999
고정자산 합계	715,850	671,779
자산 합계	1,119,676	1,065,751

	전 연결회계연도 (2009년 3월 31일)	당 연결회계연도 (2010년 3월 31일)
부채		
유동부채		
지급어음과 외상매입대금	95,036	99,937
단기차입금	16,402	7,528
1년 이내 상환 예정인 장기차입금	22,183	24,382
미지급금	29,398	27,649
미지급 비용	72,626	76,695
미지급 법인세 등	13,228	20,346
기타	21,863	23,034
유동부채 합계	270,741	279,575
고정부채		
회사채	99,996	99,997
장기차입금	136,900	50,693
퇴직급여충당금	36,000	38,416
기타	21,842	21,774
고정부채 합계	294,741	210,881
부채 합계	565,482	490,456
순자산		
주주자본		
자본금	85,424	85,424
자본잉여금	109,561	109,561
이익잉여금	431,799	442,272
자기 주식	▲11,038	▲10,977
주주자본 합계	615,745	626,280
평가·환산 차액 등		
기타 유가증권 평가 차액금	2,090	2,291
이연 헤지 손익	▲11	▲0
외화환산 손익조정계정	▲70,134	▲62,992
기타 평가·환산 차액 등	▲2,459	▲445
평가·환산 차액 등 합계	▲70,515	▲61,146
신주 예약권	838	1,022
소수주주지분	8,124	9,139
순자산 합계	554,194	575,294
부채 순자산 합계	1,119,676	1,065,751

자산은 회사의 재산이다. 그 재산을 '현금과 예금', '건물과 구축물'이나 '토지'와 같은 계정 과목으로 분류해, 원칙상 취득했을 때의 가격으로 기재하는 것이 자산 변이다. 현·예금이나 외상판매대금같이 현금에 가까운 것, 재고자산처럼 금방 사용할 예정인 것을 '유동자산'이라고 하며, 토지나 기계, 투자유가증권같이 장기에 걸쳐 사용하거나 보유할 예정인 것을 '고정자산'이라고 한다. 〈가오〉의 경우, 2010년 3월 말 현재 유동자산과 고정자산을 합친 자산 합계는 1조 657억 5,100만 엔이다(도표 2-1).

한편 회사가 운영되려면 자금이 필요한데, 그 자금의 출처를 나타낸 것이 대차대조표 오른쪽의 '부채'와 '순자산'이다. 부채와 순자산으로 자산을 조달하고 있는 것이므로 반드시 좌우의 합계가 일치한다. 대차대조표를 '밸런스 시트Balance Sheet'라고 부르는 이유가 바로 여기에 있다.

회사를 경영할 때 알아야 할 가장 중요한 것이 있다. 바로 부채와 순자산의 차이를 아는 것이다. 자산을 조달하고 있는 돈 중에서 장래의 어느 시점에 상환할 의무가 있는 것이 '부채'다. 한편 '순자산'은 주주들이 맡긴 돈인데, 기업을 해산시키지 않는 한 상환할 의무는 없다. 부채와 순자산의 차이를 아는 것이 가장 중요하다고 말한 이유는, 기업은 부채를 상환하지 못하면 도산하기 때문이다. 순자산을 상환하지 못해 망하는 일은 없다.

이 자산을 조달하고 있는 돈 중에서 상환할 의무가 없는 순자산이 차지하는 비율을 '자기자본비율'이라고 한다. 식으로 나타내면 '순자산

÷자산'이다. 이 자기자본비율은 기업의 중장기적인 안정성을 나타내는 중요한 지표 중 하나다. 업종이나 자금 조달 상황에 따라 다르므로 어디까지나 일반론이지만, 설비 등의 고정자산이 많이 필요한 업종은 20퍼센트 이상, 재고자산 등의 유동자산이 많은 업종은 15퍼센트 이상이 안전성의 기준이다. 만약 10퍼센트 이하라면 금융업 이외에는 과소 자본이므로 주의해야 한다.

기초

단기유동성

기업을 분석할 때도 그 우선순위를 아는 것이 중요하다. 무엇보다도 기업이 망하지 않는 것이 중요한데, 그때도 지표를 보는 우선순위가 있다. 제1 우선순위는 누가 뭐래도 '단기유동성'이다. 기업은 돈이 없으면 유지되지 못하는데, 이것을 보는 지표가 단기유동성이기 때문이다.

특히 경기가 급속히 악화되면 매출액을 높이고 비용을 절감하려 해도 한계가 있다. 그럴 때 단기적으로 의지가 되는 것은 자사가 운용할 수 있는 자금(=단기유동성)뿐이다. 그러므로 나는 고문을 맡고 있는 기업 등의 상태를 볼 때 무엇보다도 단기유동성을 중요시한다.

단기유동성은 현·예금과 즉시 현금화할 수 있는 자산, 그리고 당장 빌릴 수 있는 자금의 합계가 월간 총매출액의 몇 개월분이냐로 본다.

식으로 나타내면 다음과 같다.

단기유동성=(현·예금+즉시 현금화할 수 있는 자산+당장 빌릴 수 있는 자금)÷월간 총매출액

월간 총매출액은 1년의 매출액을 12로 나눠서 계산한다.

개인적으로 대기업은 1개월분, 중견 기업은 1.5개월분, 중소기업은 1.7개월분 이상이 기준이라고 생각한다. 기업 규모가 커질수록 단기유동성이 적어도 되는 까닭은 회사채나 기업어음 발행, 혹은 은행 등에서 빠르게 자금을 조달하기가 쉽기 때문이다.

〈가오〉의 2010년 3월기 대차대조표를 보면 '현금과 예금'이 701억 8,500만 엔(그 외에 유동자산인 '유가증권'이 460억 7,100만 엔 있다)이다. 연간 매출액이 1조 1,843억 8,400만 엔이므로 월간 총매출액의 1.18개월분이며, 그 외에도 차입 여력이 충분할 것이기 때문에 단기유동성은 안정적이라고 할 수 있다.

만약 단기유동성이 앞에서 제시한 기준치를 밑돈다면 빚을 져서라도 늘릴 필요가 있다. 안 그러면 회사가 망하기 때문이다. 그때는 뒤에서 설명하는 당좌비율, 유동비율이나 자기자본비율 등을 완전히 무시하고서라도 일단은 단기유동성을 늘리는 것이 최우선 과제다. 다만 재무제표만 가지고 단기유동성을 판단하는 것은 위험하다. 먼저 지표의 기준이 '1개월' 등이므로 결산 후 몇 달이 지난 재무제표를 볼 경우에는 그 숫자가 크게 달라졌을 가능성이 있기 때문이다. 또 '당장 빌릴 수 있는 자금'은 재무제표(대차대조표)만으로는 알 수 없다.

도표 2-2 **단기유동성**

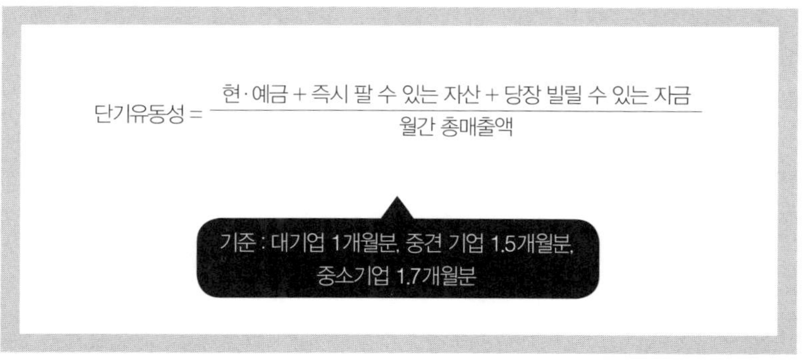
단기유동성 = 현·예금 + 즉시 팔 수 있는 자산 + 당장 빌릴 수 있는 자금 / 월간 총매출액
기준 : 대기업 1개월분, 중견 기업 1.5개월분, 중소기업 1.7개월분

기초

유동비율

만약 1초만 재무제표를 볼 수 있다면 나는 바로 유동자산과 유동부채의 비율을 볼 것이다.

부채는 장래의 어느 시점에 반드시 상환할 의무가 있는 자금인데, 그중에서 유동부채는 '1년 이내에' 상환할 의무가 있는 부채다. 〈가오〉의 경우 유동부채는 2,795억 7,500만 엔이다. 1년 후에 상환해도 되는 것은 '고정부채'다.

유동부채에는 구매를 했지만 자금을 지급하지 않은 '외상매입대금'이나 어음을 발행한 '지급어음', 1년 이내에 상환해야 하는 '단기차입금', 그리고 결산 시점에서 계상되는 '미지급 법인세' 등이 있다. 또 그

외의 유동부채로는 '미지급금'이나 '선수 수익' 등이 있다. 이러한 것들은 보통 결산 시점에서 1년 이내에 지급하거나 서비스 또는 상품을 제공할 의무가 있는데, 그것을 못 하게 되면 즉각 도산할 가능성이 크다. 가장 무서운 것은 지급어음과 단기차입금이다. 어음 결제나 차입금 상환은 상대가 은행이기 때문에, 만약 결제가 늦어지고 그것이 두 번 계속되면 '은행 거래정지'가 되어 사실상 도산하게 된다. 이러한 것들은 모두 유동부채에 속한다.

한편 '유동자산'에는 '현금·예금' 외에 단기매매 목적의 '유가증권', 팔기는 했지만 대금을 아직 받지 못한 '외상판매대금', 그 대금을 어음으로 받은 '받을 어음', 원재료나 재공품, 제품 등의 재고를 나타내는 '재고자산'(상품과 제품, 재공품, 원재료와 저장품) 등이 있다. 현·예금이나 통상적인 영업 사이클로 회수·사용되는 것, 혹은 1년 이내에 매각할 예정인 것 등이 유동자산이다(앞에서 소개한 〈가오〉의 대차대조표에서 항목을 확인하기 바란다). 〈가오〉의 유동자산은 3,939억 7,100만 엔이다.

그런 가운데 유동자산이 유동부채보다 많으면 당장은 자금 조달에 어려움을 겪지 않는다고 생각할 수 있다. 즉 1초 만 재무제표를 봐야 한다면 유동자산이 유동부채보다 많은지를 보는 것이다. 유동자산이 유동부채보다 많은, 즉 100퍼센트 이상이냐 아니냐가 중요하며, 유동자산을 유동부채로 나눈 비율을 '유동비율'이라고 한다.

식으로 나타내면 '유동자산÷유동부채'이며, 기업의 안전성을 볼 때 매우 중요한 지표다.

〈가오〉의 2010년 3월기 결산을 보면 가오의 상황은 건전하다. 유동자산이 3,939억 7,100만 엔인 데 비해 유동부채는 2,795억 7,500만 엔이므로 유동비율은 140퍼센트가 넘는다. 일반적으로 120퍼센트 정도면 당장의 자금 조달에는 어려움이 없다고 평가한다. 다만 이것은 어디까지나 일반론이며, 각 기업의 자금 조달 상황이나 업종에 따라 큰 차이가 있다는 점도 주의해야 한다(각 업계의 차이에 대해서는 3부에서 자세히 설명할 것이다).

도표 2-3 유동비율

$$유동비율 = \frac{유동자산}{유동부채}$$

일반적으로는 120퍼센트 이상이면 안전하지만
업종에 따라 상당히 다르다

기초

당좌비율

유동비율 중에는 '당좌자산'이라고 부르는 것이 있다. 당좌자산은 유동자산 중에서 현·예금과 유가증권, 받을 어음과 외상판매대금에서 대손충당금을 뺀 것이다. 유동자산 중에서 급할 때 좀더 현금화하기 쉬운 자산을 가리킨다.

대손충당금은 외상판매대금이나 받을 어음 중에서 상대방의 도산 등의 이유로 받지 못할 확률이 높아진 것이다. 이러한 금액은 즉시 대손충당금으로서 외상판매대금이나 받을 어음의 마이너스로 계상함과 동시에 손익계산서에서 비용으로 처리해야 한다.

그 당좌자산을 유동부채로 나눈 것이 '당좌비율'이다. 식으로 나타내면 '당좌자산÷유동부채'다. 당좌비율도 유동비율과 마찬가지로 기업의 단기적인 안전성을 볼 때 중요한 지표가 된다. 당좌자산은 유동자산 중에서 재고자산처럼 급할 때 바로 현금화하기 힘든 자산을 뺀 것이기 때문이다. 재고자산은 일반적으로 급한 상황에서 바로 현금화하기가 불가능하다. 재고자산에는 원재료 재고와 재공품, 제품 재고가 포함된다. 그러나 원재료는 타사에 전매할 수 없는 것이 많으며, 재공품은 그 상태로는 팔 수 있는 물건이 아니다. 또 제품도 그렇게 쉽게 팔 수 있다면 애초에 자금 조달에 고생하지 않을 것이다. 따라서 급할 때의 안전성을 보려면 당좌자산을 사용한 당좌비율을 보는 편이 효과적일 때가 적지 않은 것이다.

미국에서는 이 지표를 'Quick Ratio'나 'Acid Test'라고 하며 중요시한다. 일반적으로는 90퍼센트 정도면 단기적인 안전성에 문제가 없다고 본다(〈가오〉의 경우는 87퍼센트이지만, '기타'에도 현·예금에 가까운 것이 있을 가능성이 있다). 물론 이 당좌비율도 앞에서 설명한 유동비율과 마찬가지로 기업이나 업종에 따라 안전하다고 할 수 있는 기준이 다르다. 당좌자산에는 유동자산과 마찬가지로 외상판매대금이나 받을 어음이 포함되기 때문이다.

외상판매대금이 그다지 발생하지 않는 철도업 같은 경우에는 매일 수입이 들어오는 것도 있어서 당좌비율이 일반적인 기준치보다 상당히 낮아도 안전성에 문제가 없다. 반대로 개호(노인들을 돌봐주는 업무) 업계처럼 외상판매대금이 많이 발생하고 외상매입대금은 거의 없는 업종은 매달 급여 등을 지급해야 하기 때문에 당좌비율이 90퍼센트가 넘어도 자금 조달에 어려움을 겪을 수 있다. 일반적으로 90퍼센트면 안전하다고 할 수 있는 것은 유동비율의 경우도 그렇지만 외상판매대금·받을 어음과 외상매입대금·지급어음이 금액이나 기일 측면에서 균형을 이룰 때이다.

어쨌든, 유동비율과 당좌비율 모두 그 정의와 일반적인 기준을 아는 동시에 업종이나 개별 기업의 재무 내용과 자금 조달 특성을 알고 사용해야 한다.

도표 2-4 **당좌비율**

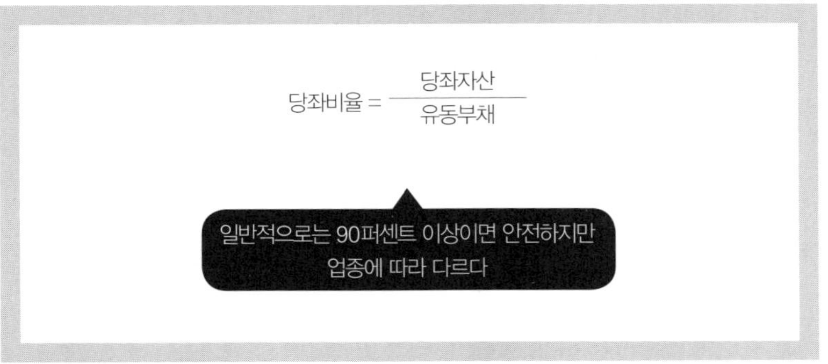

당좌비율 = 당좌자산 / 유동부채
일반적으로는 90퍼센트 이상이면 안전하지만
업종에 따라 다르다

〈가오〉의 유동자산과 당좌자산(2010년 3월 31일)

(단위 : 백만 엔)

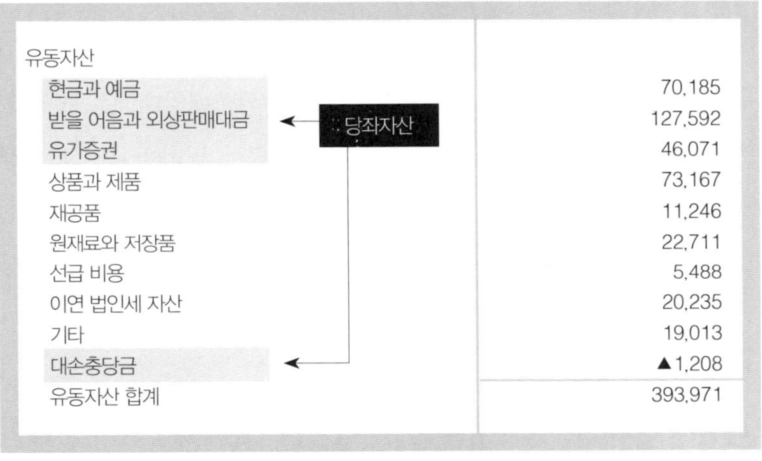

유동자산	
현금과 예금	70,185
받을 어음과 외상판매대금	127,592
유가증권	46,071
상품과 제품	73,167
재공품	11,246
원재료와 저장품	22,711
선급 비용	5,488
이연 법인세 자산	20,235
기타	19,013
대손충당금	▲1,208
유동자산 합계	393,971

기초

자기자본비율

자기자본비율은 자산을 조달하고 있는 자금원 중에서 상환할 필요가 없는 순자산의 비율이다. 식으로 나타내면 '자기자본비율=순자산÷자산'이다(순자산 중 일부만을 분자로 놓는 방식도 있지만, 나는 상환 의무가 없는 자금원이라는 의미에서 순자산 전부를 분자로 놓는다).

일반적으로 고정자산을 많이 사용하는 제조업 등의 업종은 20퍼센트 이상, 도매업 등 외상판매대금이나 재고자산 같은 유동자산을 많이 보유하고 있는 업종은 15퍼센트 이상이 건전성의 기준이라고 알려져 있다. 금융업 이외의 업종은 10퍼센트 이하면 과소 자본이라고 해도 무방할 것이다. 다만 이 수치도 유동자산이나 당좌자산과 마찬가지로 자금 조달 상황 등에 따라 적정치가 달라지므로 업종이나 기업별로 확인이 필요하다(매일 수입이 들어오는 업계는 자기자본비율이 비교적 낮아도 운영이 가능하다). 〈가오〉의 경우는 자기자본비율이 54퍼센트다(직접 계산해 보기 바란다).

또한 상장하지 않은 기업과는 관계가 없지만, 상장 기업의 경우는 자기자본비율이 너무 높은 것도 문제가 될 수 있다. 안전성이라는 관점에서는 좋지만, 현재의 재무 이론에서는 부채의 조달 비용(유이자 부채의 이자)보다 순자산의 조달 비용이 더 크다고 생각되고 있기 때문이다. 순자산의 조달 비용은 주주가 기업에 자금을 맡기는 데 대한 기대수익이라고 생각할 수 있으며 '국채 금리 플러스 알파'로 계산되기 때문에 부채의 조달 비용보다 상당히 커지는 경향이 있다. 그래서 자기자본비율이 높은 기업은 부채와 순자산을 가중 평균한 조달 비용(조금 어려운 용어이지만, 이것을 'WACC'(Weighted Average Cost of Capital: 가중평균 자본비용'이라고 한다)이 커지기 쉬우며, 그만큼 이익을 내지 못하면 주가에 충분히 반영되지 않는다는 문제점이 있는 것이다.

어쨌든, **자기자본비율은 기업의 중·장기적인 안정성을 나타내는 지표이므로** 일정 이상의 수치를 유지하는 것이 안전성이라는 의미에서도 매우 중요하다(다만 자기자본비율 역시 업종에 따라 일반론이 적용되지 않는 경우가 있다. 이에 대해서는 3장에서 다룬다).

도표 2-5 자기자본비율

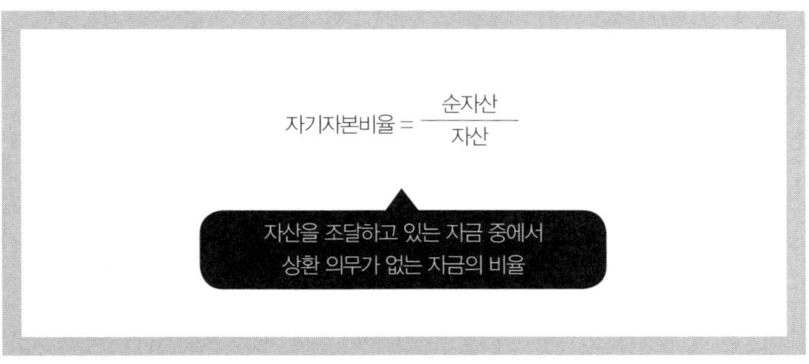

위기에 강한 기업의 대차대조표는 다르다 : 〈도요타〉〈가오〉

자기자본 비율은 단기적 안전성까지 나타내지 않는다

세계 동시 불황의 영향으로 2009년 3월기에는 실적이 추락한 기업이 적지 않았기 때문에 자기자본비율이 하락한 사례도 많아졌다. 도표 2-6은 〈도요타 자동차〉와 〈미쓰비시 자동차〉, 〈가오〉, 〈JAL〉의 2년간 자기자본비율 추이다(〈도요타 자동차〉는 미국 방식으로 개시하기 때문에 '(자본+소수주주지분)÷자산'으로 산출했다). 〈가오〉 이외에는 손실이 발생했기 때문에 자기자본비율이 떨어졌음을 알 수 있을 것이다. 특히 〈JAL〉이 크게 감소했다. 손실이 발생하면 순자산인 이익잉여금이 감소하기 때문이다('순자산'에 대한 자세한 설명은 4장 143페이지를 참조하기 바란다).

먼저 자기자본비율은 '중·장기적인' 안정성을 나타내는 지표라고 말했는데, 이것은 반드시 단기적인 안정성을 나타내지 않는다는 점에 주의해야 한다. 자기자본비율이 높아도 단기적으로 자금 조달 상황이 여유로운지는 알 수 없으므로, 지금까지 설명한 단기유동성, 당좌비율, 유동비율의 순서대로 안전성을 확인하는 것이 중요하다. 충분한 단기유동성이 없을 때는 자기자본비율을 낮춰서라도, 즉 차입 등의 부채를 늘려서라도 단기자금을 확보하는 것이 중요하다.

도표 2-6 대차대조표의 자산과 순자산으로 안전성을 확인한다

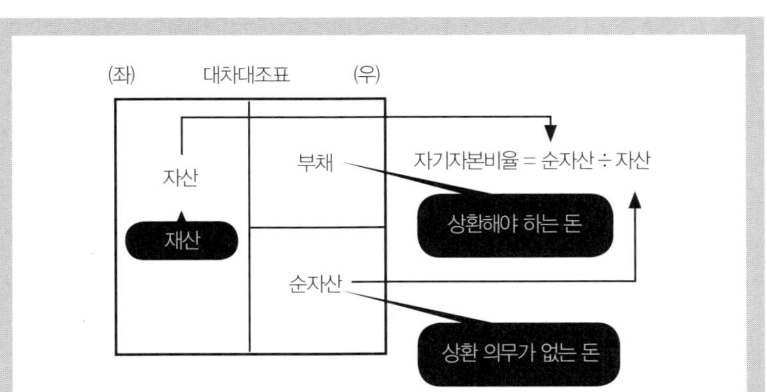

과거 2년간의 자기자본비율 추이

	〈도요타 자동차〉		〈미쓰비시 자동차〉	
	2008년 3월기	2009년 3월기	2008년 3월기	2009년 3월기
자기자본비율	38.6%	36.5%	20.4%	19.6%
유동비율	101.2%	→ **106.7%**	93.5%	→ **87.2%**
당좌비율	72.4%	→ **78.1%**	53.4%	→ **46.5%**

	〈가오〉		〈JAL〉	
	2008년 3월기	2009년 3월기	2008년 3월기	2009년 3월기
자기자본비율	47.4%	49.5%	22.2%	11.2%
유동비율	134.4%	→ **149.2%**	122.5%	→ **74.9%**
당좌비율	80.4%	→ **86.3%**	91.0%	→ **52.5%**

위기에 강한 기업은 유동비율과 당좌 비율이 모두 상승한다

도표 2-6에는 〈도요타 자동차〉와 〈가오〉, 〈미쓰비시 자동차〉, 〈JAL〉의 2년간 유동비율과 당좌비율 추이도 나와 있는데, 어떤 경향이 있는지 눈치챘는가? 〈도요타 자동차〉와 〈가오〉는 유동비율과 당좌비율 모두 상승했지만, 〈미쓰비시 자동차〉와 〈JAL〉은 두 가지 모두 하락했다. 특히 〈JAL〉의 하락폭이 큼을 알 수 있을 것이다.

〈도요타 자동차〉나 〈가오〉는 재무 여력이 큰 기업이므로 세계 동시불황 때 보유 자금을 늘림으로써 안전성을 높이려 한 것으로 생각된다. 특히 〈도요타 자동차〉는 2009년 3월기에 전기보다 매출액이 22퍼센트나 감소했으며, 영업손실 4,610억 엔, 순손실 4,369억 엔을 계상했다. 또 그다음 기의 상황도 심각할 것으로 예상되었기 때문에 재무적으로 강화를 꾀했음을 알 수 있다. 〈가오〉는 크게 하락하지는 않았지만 단기적인 안정성을 높였다. 문제는 〈JAL〉로, 매출액이 12.5퍼센트 떨어져 632억 엔의 순손실을 계상했다. 원래부터 그렇게 재무 상태가 탄탄하지 못했던 〈JAL〉에 이번 손실은 매우 심각했다. 게다가 8,000억 엔에 가까운 유이자 부채를 안고 있었기 때문에 자금 조달 측면에서 단기적인 안정성이 아슬아슬한 수준까지 떨어진 것으로 생각된다. 그 결과 정부에 1,000억 엔의 자금 원조를 요청하게 되었다(〈JAL〉의 동향에 대해서는 4장에서 자세히 다루었다).

이번 같은 경기후퇴기에 재무 여력이 있는 기업은 단기적인 안정성을 높임으로써 대응하지만, 재무 여력이 별로 없는 기업은 좀처럼 뜻대로 대응하지 못하기 마련이다.

재무 내용이 M&A에 미치는 영향

실적이 하락하고 있는 백화점 업계

1장에서 상사商社를 살펴볼 때도 설명했듯이 IFRS의 영향을 크게 받을 것으로 예상되는 곳이 백화점 업계인데, 여기에서는 '잘나가는' 두 곳을 분석함으로써 백화점 업계의 동향을 살펴보도록 하자. 재미있는 사실을 알 수 있을 것이다.

2010년 3월 말, 〈다카시마야〉와 한큐한신백화점을 보유한 〈H2O리테일링〉(이하 H2O)의 경영 통합이 결렬되었다고 발표되었다. 2008년 10월에 경영 통합이 발표되었는데, 그 후의 환경변화로 통합을 단념했다는 것이다.

경제산업성이 발표하는 '산업동태 통계조사'에 따르면, 백화점 업계는 1991년도의 약 12조 엔을 정점으로 2008년도에 7조 8,000억 엔까지 매출이 감소되었다. 정점을 찍었던 시기에 비해 매출이 약 35퍼센트나 감소한 것이다. 한편 소매업 전체의 매출은 1996년에 약 148조 엔을 기록하며 정점을 찍었다. 그러던 것이 2008년도에는 134조 엔까지 하락했지만, 그래도 감소폭은 10퍼센트가 채 되지 않는다. 백화점 업계의 매출이 얼마나 크게 감소한 것인지 알 수 있다. 그 사이 편의점은 매출액 8조 엔을 넘기며 백화점을 능가하는 수준으로 성장했다.

대형 백화점의 1제곱미터당 연간 매출액은 126만 엔으로 하락세를 보이고 있지만, 〈다카시마야〉는 147만 엔, 〈H2O〉는 128만 엔으로 업계 수준을 웃돌고 있다. 여기에 재무 내용도 양호한데, 이것이 두 회사의 전략에 커다란 영향을 주었다고 생각한다.

〈다카시마야〉와 〈H2O〉가 경영 통합을 발표한 2008년 10월은 리먼쇼크 직후였다는 점도 고려해야 한다. 이 두 회사는 업계 전체가 1991년 이후 버블 붕괴의 영향으로 점점 축소되는 가운데서도 어느 정도 분투하고 있었지만, 리먼쇼크 이후에는 어려운 상황에 직면했다. 이것이 통합을 단념하게 만들었다고 생각한다. 게다가 두 회사의 양호한 재무 내용도 통합 결렬에 커다란 영향을 끼쳤을 것으로 생각된다. 재무제표를 분석하면서 이에 대해 살펴보도록 하자.

먼저 손익계산서의 수익성부터 검증해 보자. 앞에서 설명한 내용을 복습한다는 자세로 읽기 바란다. 그리고 대차대조표의 안전성 지표부터 분석해 나갈 것이다.

M&A로 위기를 극복하려 했던 〈다카시마야〉와 〈H2O리테일링〉

〈H2O〉는 2007년 10월에 한큐백화점과 한신백화점을 합병함에 따라 이 시기에 매출이 크게 상승했는데, 한큐백화점은 2006년 3월기부터 2007년 3월기까지 매출이 3퍼센트 상승하는 등 점점 몰락하는 백화점 업계에서도 분투하고 있었다. 또 2008년 3월기부터 2009년 3

월기에도 매출이 8퍼센트나 증가했다. 한편 〈다카시마야〉는 2007년 2월기부터 2008년 2월기까지 매출이 0.6퍼센트 감소했고, 2008년 2월기부터 2009년 2월기까지 리먼쇼크의 영향도 있어서 6.4퍼센트나 감소했다.

이 두 회사가 합병을 발표한 때는 리먼브라더스가 파산한 직후인 2008년 10월이므로, 〈H2O〉는 매출액이 조금 증가했고 〈다카시마야〉는 조금 감소한 시기다. 이익 측면에서는 〈H2O〉와 〈다카시마야〉 모두 그늘이 드리우기 시작한 시기라고 할 수 있다. 게다가 앞에서 설명했듯이 업계 전체가 점점 하락세를 보이는 상황이었으며, 여기에 〈다이마루〉와 〈마쓰자카야〉, 〈이세탄〉과 〈미쓰코시〉 등이 이미 경영 통합을 시행한 시기이기도 했다. 그러나 그 후 두 회사의 실적은 급격히 악화되었다.

도표 2-7에 두 회사의 2008년도 제3사분기까지와 2009년도 제3사분기까지의 실적을 실었는데, 그때까지 매출액이 증가했던 〈H2O〉도 매출액이 약 8퍼센트 감소했으며 영업이익은 37퍼센트나 감소했다. 〈다카시마야〉는 앞에서도 살펴봤듯이 그전에도 전년 대비 마이너스였는데, 매출액은 더욱 악화되어 12퍼센트가 넘게 감소했으며 영업이익과 순이익은 무려 60퍼센트 이상의 감익을 기록했다. 그전까지는 300억 엔이 넘었던 영업이익의 절대액도 큰 폭으로 감소해, 〈H2O〉와 별 차이가 없는 수준까지 떨어졌다. 경영환경이 크게 바뀐 것이다. 이익 측면에서는 〈H2O〉에 대한 〈다카시마야〉의 우위성이 사라졌다고 할

수 있다. 힘의 균형이 바뀔 가능성이 생긴 것이다.

커지지 않는 파이를 뺏고 빼앗기는 상황이 될 수 있다

내 생각에는 또 한 가지 커다란 요인이 있었다. 바로 오사카에서 백화점 간의 경쟁이 앞으로 더욱 치열해질 것이 분명하다는 점이다. 〈H2O〉 산하의 도큐백화점은 8만 4,000제곱미터라는 거대한 백화점을 건설해 그곳으로 이전했다. 교차로를 사이에 둔 한신백화점도 리뉴얼을 마쳤다. 또한 바로 근처에 〈미쓰코시〉가 5만 제곱미터가 넘는 오사카 기함점을 건설 중이고, 오사카 역의 터미널 빌딩에 들어온 〈다이마루〉도 매장 면적을 확대하고 있다. 이것은 모두 오사카 북쪽 지구에 있는 오사카 역(우메다) 주변의 좁은 지역에서 일어나고 있는 일이다. 한편 오사카의 〈다카시마야〉 주력 점포는 남쪽 지구인 난바에 있다. 난바와 우메다는 지하철 미도스지 선을 이용하면 불과 10분 정도밖에 걸리지 않는 거리다. 이대로는 남쪽 지구에 있는 〈다카시마야〉의 손님을 북쪽 지구의 대형 백화점군群에 빼앗길 위험성이 있다. 커지지 않는 파이를 뺏고 빼앗기는 상황에서 북쪽 지구의 집객력이 높아지는 것이다. 그렇게 되면 경영 통합을 해도 힘의 균형이 무너질 우려가 있다. 게다가 이익액의 측면에서 〈다카시마야〉의 우위성도 사라졌으며, 이것도 힘의 균형에 영향을 준 것으로 생각된다.

도표 2-7 〈H2O〉와 〈다카시마야〉의 손익계산서 : 재무적인 측면에서 보면 두 회사가 경영 통합을 서두를 필요성은 낮다

〈H2O리테일링〉 (단위 : 백만 엔)

	2007년 3월기	2008년 3월기	증감률	2009년 3월기	증감률
매출액	**395,950**	**471,617**	**19.1%**	**509,525**	**8.0%**
매출원가	279,365	334,687	19.8%	364,028	8.8%
매출총이익	116,584	136,929	17.5%	145,496	6.3%
판관비	101,820	119,814	17.7%	132,079	10.2%
영업이익	**14,763**	**17,114**	**15.9%**	**13,416**	▲21.6%
순이익	8,099	9,450	16.7%	6,380	▲32.5%

매출은 순조롭게 증가

	2008년 4~12월기	2009년 4~12월기	증감률
매출액	**386,961**	**357,659**	**▲7.6%**
매출원가	275,642	257,605	▲6.5%
매출총이익	111,319	100,053	▲10.1%
판관비	100,397	93,180	▲7.2%
영업이익	10,922	6,873	▲37.1%
순이익	5,782	3,716	▲35.7%

매출이 감소세로 돌아섰다

채산이 급격히 악화

대차대조표

	2009년 12월 말
유동자산	94,600
고정자산	249,629
자산 합계	344,229
유동부채	88,624
고정부채	99,342
부채 합계	187,966
순자산	156,262
부채 순자산 합계	344,229
유동비율	**106.7%**
자기자본비율	**45.4%**

재무 상황에는 여력이 있다

〈다카시마야〉 (단위: 백만 엔)

	2007년 2월기	2008년 2월기	증감률	2009년 2월기	증감률
영업수익계	**1,049,405**	**1,042,711**	**0.6%**	**976,116**	**▲6.4%**
매출원가	734,083	725,993	1.1%	678,701	▲6.5%
매출총이익	315,322	316,717	0.4%	297,415	▲6.1%
판관비	281,461	279,018	0.9%	272,605	▲2.3%
영업이익	**33,860**	**37,699**	**11.3%**	**24,810**	**▲34.2%**
순이익	25,319	18,697	26.2%	11,750	▲37.2%

소폭 감수

	2008년 3~11월기	2009년 3~11월기	증감률
영업수익계	**722,689**	**633,924**	**▲12.3%**
매출원가	500,500	437,655	▲12.6%
매출총이익	222,189	196,268	▲11.7%
판관비	201,895	189,439	▲6.2%
영업이익	**20,294**	**6,829**	**▲66.3%**
순이익	10,969	4,037	▲63.2%

감수폭 확대

채산이 급격히 악화

대차대조표

	2009년 11월 말
유동자산	261,797
고정자산	544,798
자산 합계	806,589
유동부채	334,693
고정부채	187,292
부채 합계	521,985
순자산	284,604
부채 순자산 합계	806,589
유동비율	**78.2%**
자기자본비율	**35.3%**

자금 조달에 여유가 있다

출처 : 각 회사의 결산서를 바탕으로 작성

대등한 재무력이 두 백화점의 M&A 결렬 이유?

백화점 업계나 〈H2O〉, 〈다카시마야〉는 이대로는 계속 상황이 악화될 것이라는 위기감을 갖고 있지만, 두 회사의 대차대조표에는 아직 '여유'가 있다. 〈다카시마야〉의 자기자본비율은 35퍼센트, 유동비율(유동자산÷유동부채)은 78퍼센트다. 언뜻 보면 유동비율 78퍼센트는 많이 낮은 것처럼 생각되지만, '일수입' 장사인 백화점은 자금 조달에 어려움을 겪지 않는다. 또 백화점은 '상품권' 등을 통해 미리 돈이 들어오는 것도 있기 때문에 유동비율이 일반적인 기준(120퍼센트)보다 많이 낮아도 문제가 없다. 한편 〈H2O〉는 자기자본비율이 45퍼센트에 유동비율도 100퍼센트가 넘는 등 재무 내용이 더욱 양호함을 알 수 있다.

수익환경이 대폭 악화되기는 했지만, 대차대조표상으로는 경영 통합을 서두를 필요가 없다고 할 수 있다. 오사카의 백화점 경쟁이나 수익력의 대폭적인 악화, 이에 따른 힘의 균형 변화 등의 이유로 통합이 결렬된 것인데, 이대로 가면 백화점 환경은 앞으로 더욱 심각해질 것으로 예상되기 때문에 업계가 어떻게 변화될지 그 귀추가 주목된다.

M&A에는 체면도 중요하다

지금까지 〈H2O〉와 〈다카시마야〉의 M&A가 결렬된 경위를 재무제표를 통해 분석했다. 두 회사 모두 재무 내용이 양호하기 때문에 절박감이나 위기감이 적었다는 것도 협상이 결렬된 이유이지만, '체면'도

두 회사의 경영 통합을 방해한 요인이라고 생각한다.

전통 깊은 백화점인 〈다카시마야〉는 앞에서도 살펴봤듯이 예전에는 〈H2O〉보다 높은 수익력을 자랑했지만 이제는 〈H2O〉와 대등한 수준이 되었다. 이렇게 되면 통합 이후 '발언력'도 약해진다. 또 북쪽 지구인 우메다의 집객력이 높아지면 수익력 측면에서 〈다카시마야〉가 불리해질 가능성도 있다.

M&A를 한다 해도 통합 이후 힘의 관계는 중요하다. 구○○와 △△ 사이에 싸움이 계속될 가능성이 있다. 게다가 백화점의 경우에는 지주회사 밑에 원래의 회사가 그대로 남아 있는 형태로 통합되는 경우가 많아서, 통합이라고는 해도 구 브랜드 사이에서 일종의 '대립'이 계속될 가능성이 높다. 이럴 경우에는 통합 교섭 중에 통합을 결정할 당시와 상황이 달라지면 합의가 결렬되는 일도 적지 않다.

기초

자산회전율

지금까지 세계 동시 불황기의 기업 안전성을 살펴봤다. 그러면 앞에서 공부한 손익계산서와 이 장에서 공부한 대차대조표를 함께 활용하는 지표에 대해 살펴보도록 하자.

자산과 매출액의 관계를 나타낸 것이 '자산회전율'이다. 식으로 나타내면 '매출액÷자산'이다. 매출액을 높이기 위해 자산을 얼마나 사용했느냐를 나타내는 지표이므로, 자산을 얼마나 효과적으로 사용했는지 보여준다고 할 수 있다. 제조업은 1배 정도가 표준이다. 자산효율이 나쁘면 자산회전율이 떨어진다.

다만 자산회전율이 높다는 것은 효율이라는 관점에서는 좋은 일이지만 안전성이라는 관점에서는 문제가 있을 수도 있다. 자산회전율이 높다는 것은 자산에 비해 매출액이 높다는 뜻으로, 그런 기업은 보통 비용이 많이 들어갈 때가 적지 않기 때문이다. 즉 자산을 활용하는 것이 아니라 비용을 많이 사용해 매출을 높인다고도 할 수 있다. 소프트웨어 회사나 컨설팅 회사 등이 대표적인 예다. 그런 업종은 매출액이 하락했을 때 경비를 효과적으로 삭감할 수 있다면 다행이지만 그러지 못하면 금방 도산할 수도 있다. 자산은 급박한 순간을 위한 비상금이기도 한 것이다. 자산회전율이 높은 회사는 유동비율과 자기자본비율 등이 모두 양호해도 갑자기 도산할 가능성이 있으니 주의해야 한다.

기초

자산이익률(ROA)

이번에 살펴볼 지표는 자산이익률ROA이다. 자산이익률은 이익과 자산의 관계를 나타낸다. 식으로 나타내면 '이익÷자산'이다. 여기에서 이익은 타사와 비교할 경우에는 영업이익이나 경상이익, 순이익 중 어느 것을 사용해도 무방한데, 나는 영업이익을 사용할 때가 많다. 영업이익은 기업의 통상적인 활동에 따른 이익을 나타내기 때문이다.

영업이익 기반의 ROA가 5퍼센트 이상이면 자산을 기준으로 본 수익력은 합격점이라고 생각한다. 이것은 어떤 업종이든 마찬가지다. 앞에서도 설명했듯이 대차대조표의 왼쪽은 현·예금과 토지·건물 같은 '자산'의 내용을 나타내며, 오른쪽은 '부채'와 '순자산'으로 어떻게 자금을 조달했는지를 나타낸다. 자금 공급자가 요구하는 수익은 업종에 상관없이 똑같으므로 요구되는 ROA도 똑같은 것이다. 따라서 동업자 간의 ROA를 비교하는 것도 중요한데, 업계 전체의 ROA가 낮으면 업종 전체가 자금 조달이 어려운 상황일 수도 있다.

ROE는 '주주자본이익률'이다. 식으로 나타내면 '순이익÷순자산'이다. 여기에서 사용하는 이익은 순이익이다. 순자산은 주주에게 귀속되는 것인데, 이익 중에서 주주에게 귀속되는 것은 세금을 낸 후의 순자산이기 때문이다.

조금 전문적이지만, 순이익 기반의 ROA에 자기자본비율의 역수(자산÷순자산 : '재무 레버리지'라고 한다)를 곱한 것(ROA×재무 레버리지)이 ROE다. 그러므로 ROA를 높이거나 자기자본비율을 낮추면 ROE가 높아지는데, 자기자본비율을 낮추는 것은 리스크가 크므로 ROA를 높임으로써 ROE를 높이는 것이 올바른 경영이다. 재무 내용이 매우 양호한 회사라면 몰라도, 재무 레버리지를 높여서(=자기자본비율을 낮춰서) ROE를 높이려는 것은 칭찬할 만한 행위가 아니다.

도표 2-8 자기자본비율

$$\text{ROA} = \frac{\text{순이익}}{\text{자산}} = \frac{\text{순이익}}{\text{매출액}} \times \frac{\text{매출액}}{\text{자산}}$$

$$= (\text{매출액 이익률}) \times (\text{자산회전율})$$

$$\text{ROE} = \frac{\text{순이익}}{\text{순자산}} = \frac{\text{순이익}}{\text{매출액}} \times \frac{\text{매출액}}{\text{자산}} \times \frac{\text{자산}}{\text{순자산}}$$

$$= (\text{ROA}) \times (\text{재무 레버리지})$$

ROA가 더 중요하다

현금흐름계산서를 통해 자금력을 읽는다

현금흐름계산서를 통해 기업의 실적을 알아본다. 현금흐름계산서는 기업의 자금 흐름을 읽는 데 매우 편리한 재무제표로, 기업의 안정성이나 수익성을 살펴볼 수 있다. 동시에 기업의 장래성도 읽을 수 있는 재무제표이다.

3장에서는 세 번째 재무제표인 '현금흐름계산서'를 통해 기업의 실적을 살펴보기로 하자. 현금흐름계산서는 기업의 안정성이나 수익성을 살펴보는 동시에 장래성도 읽을 수 있는 재무제표다. 읽는 법은 그다지 어렵지 않다.

먼저 현금흐름계산서의 구성과 읽는 법을 알아보자.

현금흐름계산서를 읽는 법

현금흐름계산서를 알아보기 위해 〈기린 홀딩스〉(이하 기린)의 현금흐름계산서를 사례로 들었다(도표 3-1).

상장 기업 이외의 회사는 작성 의무가 없기 때문에 현금흐름계산서를 작성하지 않는 경우도 많은데, 현금흐름계산서는 기업의 자금흐름을 읽는 데 매우 편리한 재무제표다. 읽는 법은 그다지 어렵지 않다.

현금흐름계산서는 세 가지 섹션으로 나뉜다. '영업현금흐름', '투자현금흐름', '재무현금흐름'이다. 영업현금흐름은 기업의 통상적인 업무에 따른 자금의 증감을 나타낸 것이다. 이것이 계속 마이너스면 사업을 계속할 수 없다. 영업현금흐름이 플러스인가 아닌가가 중요하다. 〈기린〉의 경우, 2009년 12월기에 1,899억 700만 엔의 플러스를 기록했다(도표 3-1에서 확인하기 바란다).

매출액에 대한 영업현금흐름의 비율(영업현금흐름÷매출액)을 '현금흐름 마진'이라고 하는데, 내 경험으로는 7퍼센트 이상이면 합격이다. 기린의 동기同期 매출액은 2조 2,784억 7,300만 엔이므로 현금흐름 마진은 8.3퍼센트로서 합격점을 웃돈다.

또 손익계산서상으로는 이익이 나더라도 외상판매대금을 회수하지 못했거나 재고가 증가했을 경우에는 영업현금흐름이 마이너스가 될 수도 있다. '이익은 현금흐름과 다르다.'는 인식이 중요하며, 이익과 현금흐름 모두 플러스로 만드는 것이 중요하다. 그러지 않으면 흑자 도산에 몰릴 수도 있기 때문이다.

투자현금흐름은 기업이 투자에 얼마만큼의 자금을 사용했는가, 또는 회수하고 있는가를 나타낸다. 투자에는 설비투자 외에 재무적인 투자도 포함되는데, 일반적으로는 투자를 해서 자금이 빠져나가므로 투자현금흐름은 마이너스가 된다. 특히 설비투자에 해당하는 '유형 고정자산의 취득에 따른 지출'이 감가상각비보다 많은가 적은가를 확인하는 것도 중요하다. 일반적으로 감가상각비 정도는 재투자하지 않으면 현재 사업을 유지하기도 힘들어지기 때문이다. 〈기린〉의 경우는 무형 고정자산을 포함한 지출이 1,102억 4,600만 엔이고, 영업현금흐름의 항목 중에 있는 감가상각비가 1,058억 7,400만 엔이다. 어느 정도 적극적으로 투자하고 있다고 할 수 있다.

마지막으로 재무현금흐름은 재무 활동으로 어느 정도의 자금을 얻었는가, 혹은 사용했는가를 나타낸다. 〈기린〉의 재무현금흐름을 보면, 2008년에 1,470억 5,900만 엔의 장기차입을 시행했다. 반대로 자금을 상환하면 마이너스가 되는데, 566억 8,400만 엔을 상환했다. 또 재무현금흐름을 볼 때는 배당이나 자사주 매입 등의 주주 환원을 얼마나 하고 있는지도 볼 필요가 있다. 이것은 현금흐름에서 마이너스가 된다.

영업현금흐름에서 벌어들이고 그 범위에서 투자현금흐름과 재무현금흐름의 마이너스를 충당하는 것이 균형 잡힌 현금흐름계산서다. 〈기린〉의 경우, 2009년도에는 투자현금흐름에서 2,630억 엔의 자회사 주식을 취득했기 때문에 투자현금흐름의 마이너스가 크다. 그리고 이를 위한 자금조달 등의 목적으로 장기차입금을 늘림에 따라 재무현금흐름의 플러스가 커진 것으로 생각된다.

도표 3-1 〈기린 홀딩스〉의 현금흐름계산서

(단위 : 백만 엔)

	전 연결회계연도 (2008년 1월 1일부터 2008년 12월 31일까지)	당 연결회계연도 (2009년 1월 1일부터 2009년 12월 31일까지)
영업 활동에 따른 현금흐름		
세금 등 조정 전 당기순이익	165,735	92,613
감가상각비	95,948	105,874
감손 손실	3,564	38,843
⋮	⋮	⋮
매출채권의 증감액(▲는 증가)	17,120	32,096
재고자산 증감액(▲는 증가)	▲11,755	22,120
매입채무 증감액(▲는 감소)	986	▲25,577
미지급 주세 증감액(▲는 감소)	▲3,735	▲4,706
미지급 소비세 등 증감액(▲는 감소)	▲1,136	▲6,140
예수금 증감액(▲는 감소)	935	▲4,032
기타	▲24,192	414
소계	222,471	255,502
이자와 배당금 수취액	13,068	23,465
이자 지급액	▲23,308	▲20,153
법인세 등 지급액	▲80,948	▲68,906
영업 활동에 따른 현금흐름	131,281	189,907
투자 활동에 따른 현금흐름		
유형과 무형 고정자산의 취득에 따른 지출	▲126,063	▲110,246
유형과 무형 고정자산의 매각에 따른 수입	26,506	31,705
유가 증권과 투자 유가 증권의 취득에 따른 지출	▲2,144	▲137,318
유가 증권과 투자 유가 증권의 매각에 따른 수입	7,150	152,365
자회사 주식의 취득에 따른 지출	▲1,663	▲263,034
⋮	⋮	⋮
투자 활동에 따른 현금흐름	▲169,330	▲321,654
재무 활동에 따른 현금흐름		
단기차입금의 증감액(▲는 감소)	▲232,766	82,675
장기차입에 따른 수입	199,969	147,059
장기차입금의 상환에 따른 지출	▲94,699	▲56,684
회사채 발행에 따른 수입	199,934	100,000
회사채 상환에 따른 지출	▲5,888	▲44,273
자기주식의 취득에 따른 지출	▲1,372	▲1,625
자기주식의 매각에 따른 수입	667	243
연결자회사의 자기주식 취득에 따른 지출	▲976	▲4,747
배당금 지급액	▲22,432	▲21,949
소수주주에 대한 배당금 지급액	▲19,104	▲26,645
기타	3,354	155
재무 활동에 따른 현금흐름	26,684	174,208
현금과 현금 동등물과 환산 차액	▲16,226	9,091
현금과 현금 동등물의 증감액(▲는 감소)	▲27,590	51,553
현금과 현금 동등물의 기초 잔고	52,307	68,457
연결 범위의 변경에 따른 현금과 현금 동등물의 증감액(▲는 감소)	43,740	▲1,505
연결자회사의 합병에 따른 현금과 현금 동등물의 증감액(▲는 감소)	–	292
현금과 현금 동등물의 기말 잔고	68,457	118,797

〈도요타〉의 실적과 현금흐름 추이

적자에서 흑자로 전환하기까지

1장에서도 손익의 측면에서 〈도요타 자동차〉를 분석했는데, 여기에서는 세계 동시 불황기의 〈도요타 자동차〉의 실적 추이와 현금흐름 상황에 대해 분석해 보자. 먼저 앞장에서 설명한 시기 이후의 실적을 포함해 손익의 측면에서 살펴보자.

도표 3-2의 하단은 2009년도 제1사분기부터 제3사분기까지의 사분기별 손익계산서를 발췌한 것이며, 상단은 그 9개월의 합계(2009년 4~12월), 그리고 이와 비교하기 위한 2008년도 제3사분기(10~12월)와 동년도 제3사분기까지의 합계 수치다.

먼저 상단 오른쪽의 2008년 제3사분기(10~12월)와 하단의 2009년도 제3사분기를 비교해 보자. 2008년도 제3사분기는 지금까지 여러 번 설명했듯이 그 전월에 리먼브라더스가 파산하면서 촉발된 세계 동시 불황의 영향을 고스란히 받기 시작한 시기다. 매출액이 급감한 반면에 판관비 등의 삭감이 이를 따라가지 못해 영업이익은 3,605억 엔의 적자를 기록했다. 이에 비해 2009년도 제3사분기는 전년도의 같은 사분기에 비해 매출액이 상승하는 동시에 매출원가율이 93.1퍼센트에서 88.0퍼센트로 5.1퍼센트 감소하고, 금융 비용은 거의 절반, 판관비율도 3.4퍼센트 감소했다. 매출액의 증가와 이러한 비용의 감소로 영업이익은 1,891억 엔의 흑자로 돌아섰다.

게다가 하단에 있는 2009년도 제1사분기부터 제3사분기까지의 각 사분기 실적 추이를 보면 그 회복세가 명확히 드러난다. 도표에 있는 '상품·제품 매출액'은 주로 자동차 판매에 관한 것인데, 제1사분기에 3조 5,210억 엔이었던 매출액이 제2사분기에는 4조 2,348억 엔, 제3사분기에는 4조 9,909억 엔으로 증가했다. 도표의 매출액 옆에 있는 '비율'은 직전 사분기에 대한 증가율을 나타낸 것인데, 각각 20퍼센트 전후의 증가세를 나타냈다. 영업이익(손실)도 제1사분기에는 1,948억 엔의 적자였던 것이 제2사분기에는 580억 엔의 흑자로 전환되었고, 제3사분기에는 흑자액이 더욱 확대되었다.

판매액의 증가와 함께 매출원가율도 제1사분기에는 95.7퍼센트였던 것이 제2사분기에는 90.8퍼센트로 떨어졌고, 제3사분기에는 더욱 떨어졌다. 한편 판관비를 보면, 제1사분기에는 작년도 제3사분기에 비해 절대액이 대폭 감소했고, 제3사분기에는 매출액이 증가했음에도 판관비가 감소했다. 그러나 제3사분기에는 판관비가 증가했다. 점차 마케팅 비용 등을 지출하기 시작한 것으로 보인다.

다만 2008년도와 2009년도 제3사분기까지의 누계를 비교하면, 2008년도 전반은 그 전해보다 실적이 조금 감소하기는 했지만 리먼 쇼크가 발생하기 전까지 상반기의 실적이 비교적 좋았기 때문에 통산으로는 2009년도의 상황이 더 나쁘다. 그러나 앞에서도 설명했듯이 2008년도와 2009년도는 전반기만 놓고 보면 2008년도가 압도적으로 좋지만, 제3사분기만을 비교하면 2009년도가 더 좋은 것을 볼 때 실적이 회복되고 있음을 알 수 있다.

도표 3-2 〈도요타 자동차〉의 금융 위기 이후 1년간의 손익계산서

손익계산서 (단위 : 억 엔)

제3사분기 누계	2008년 4~12월		2009년 4~12월		2008년 10~12월	
		비율		비율		비율
상품·제품 매출액	**159,288**		**127,468**		**44,651**	
금융 수익	10,644		9,236		3,377	
매출액 합계	169,932		136,705		48,028	
매출원가	140,588	88.3%	116,029	91.0%	41,550	**93.1%**
금융 비용	7,839	73.6%	5,349	57.9%	**3,525**	104.4%
판매비와 일반관리비	19,289	11.4%	14,804	10.8%	6,558	13.7%
영업이익(손실)	**2,215**	**1.3%**	**522**	**0.4%**	**▲3,605** (적자)	**▲7.5%**

사분기별 추이	2009년					
	4~6월	비율	7~9월	비율	10~12월	비율
상품·제품 매출액	**35,210**		**42,348**	**[20.3%]**	**49,909**	**[17.9%]**
금융 수익	3,149		3,067	[▲2.6%]	3,019	[▲1.6%]
매출액 합계	38,360		45,415	[18.4%]	52,928	[16.5%]
매출원가	33,688	95.7%	38,435	90.8%	43,905	**88.0%**
금융 비용	1,839	58.4%	1,805	58.9%	**1,703**	56.4%
판매비와 일반관리비	4,781	12.5%	4,594	10.1%	5,428	10.3%
영업이익(손실)	**▲1,948**	**▲5.1%**	**580**	**1.3%**	**1,891** (흑자)	**3.6%**

주 : [ ] 안은 직전 사분기에 대한 성장률. 매출원가율, 금융 비용률은 매출액 대비. 매출원가 이율은 상품·제품 매출액 대비. 판관비율, 영업이익률은 매출액 합계 대비.
출처 : 〈도요타 자동차〉 연결결산 자료를 바탕으로 작성

현금흐름의 증가 원인은 이익 증가만은 아니다

현금흐름계산서를 보면 또 다른 측면도 보인다. 도표 3-3의 숫자를 확인하면서 읽기 바란다.

먼저 영업현금흐름을 살펴보면, 2008년도 제3사분기까지의 누계가 1조 1,272억 엔이며 2009년도 제3사분기까지의 누계는 2조 513억 엔으로 2009년도에 월등히 좋아졌다. 다만 이익의 측면에서는 2008년도의 같은 기간이 더 높았던 것도 있어서 그 외의 요인으로 현금흐름이 개선되었다. 구체적으로는 '자산과 부채의 증감 외'라는 항목에서

도표 3-3 〈도요타 자동차〉의 금융 위기 이후 1년간의 현금흐름계산서

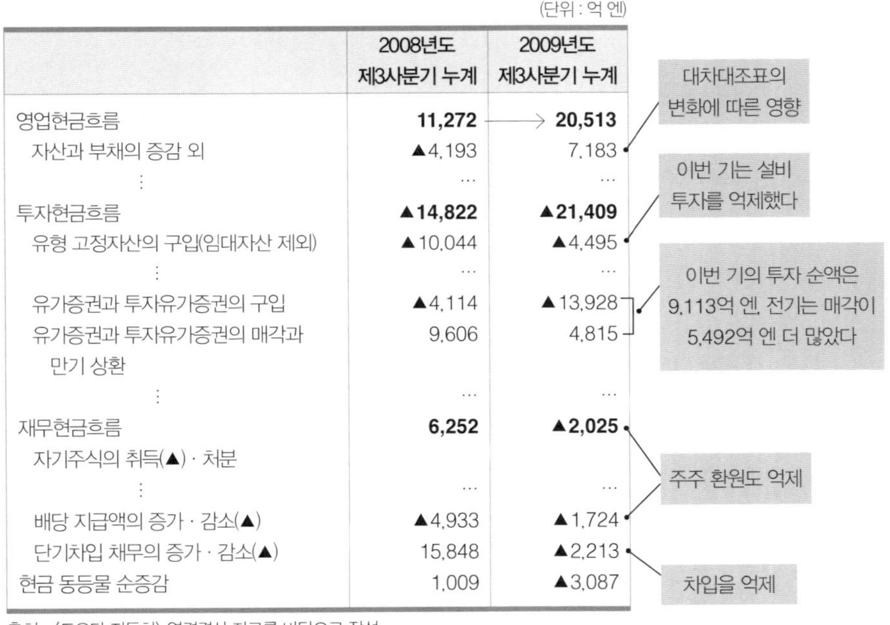

(단위 : 억 엔)

	2008년도 제3사분기 누계	2009년도 제3사분기 누계
영업현금흐름	**11,272**	→ **20,513**
자산과 부채의 증감 외	▲4,193	7,183
⋮	…	…
투자현금흐름	**▲14,822**	**▲21,409**
유형 고정자산의 구입(임대자산 제외)	▲10,044	▲4,495
⋮	…	…
유가증권과 투자유가증권의 구입	▲4,114	▲13,928
유가증권과 투자유가증권의 매각과 만기 상환	9,606	4,815
⋮	…	…
재무현금흐름	**6,252**	**▲2,025**
자기주식의 취득(▲) · 처분		
⋮	…	…
배당 지급액의 증가 · 감소(▲)	▲4,933	▲1,724
단기차입 채무의 증가 · 감소(▲)	15,848	▲2,213
현금 동등물 순증감	1,009	▲3,087

대차대조표의 변화에 따른 영향
이번 기는 설비 투자를 억제했다
이번 기의 투자 순액은 9,113억 엔, 전기는 매각이 5,492억 엔 더 많았다
주주 환원도 억제
차입을 억제

출처 : 〈도요타 자동차〉 연결결산 자료를 바탕으로 작성

7,183억 엔의 현금흐름이 증가했다. 이 항목만으로는 자세한 내용을 알 수 없지만, 대차대조표 항목의 증감의 영향에 따른 현금흐름의 증가가 주된 요인이며 이익 증가에 따른 현금흐름의 증가가 아님에 주의해야 한다.

기초

이익과 현금흐름은 다르다(1)

지금까지 살펴봤듯이, 손익계산서상의 수익 동향과 현금흐름(특히 영업현금흐름)은 다르다는 데 주의해야 한다.

도표 3-4는 〈도요타 자동차〉의 2010년 3월기의 영업현금흐름인데, 잘 살펴보면 '순이익(2,442억 1,200만 엔)'부터 시작함을 알 수 있다. 순이익에서 시작해 조정해 나가는 방식이다. 순이익은 매출액에서 비용을 뺀 것인데, 예를 들어 도표의 둘째 줄에 있는 감가상각비는 비용으로 계상은 되지만 현금이 나가지 않는 비용이다. 설비투자 등을 했을 때 현금이 나가지만, 그 후에는 그 가치의 감소분(평가손)만을 기별로 나눠서 계상하는 것이다.

그러므로 영업현금흐름을 계산할 때는 순이익부터 시작해 그것을 조정하는 방식으로 계산한다. 이와 같이 이익부터 시작해 손익 계산과 관련해 현금흐름이 움직이지 않은 항목을 더하거나 빼고 그 외에 현금흐름에 영향을 끼친 항목을 조정하는 방법으로 영업현금흐름을 계산하는 것이다. 이것을 '간접법'이라고 하는데, 이 영업현금흐름의 계산 방법을 보면 '이익과 현금흐름은 다르다.'는 사실을 잘 알 수 있다. 〈도요타 자동차〉에서는 이익의 10배인 약 2조 5,000억 엔의 영업현금흐름을 얻었다.

도표 3-4 〈도요타 자동차〉의 영업현금흐름

(단위 : 백만 엔)

	생산 지수 집적 회로(전년비)
영업 활동에 따른 현금흐름	
비지배 지분 공제 전 당기순이익·손실(▲)	244,212
감가상각비	1,414,569
대손충당금과 금융손실충당금 이연액	100,775
퇴직·연금 비용〈지급액 공제 후〉	1,254
고정자산 처분손	46,937
매각 가능 유가증권의 미실현 평가손〈순액〉	2,486
이연 법인세액	25,537
지분법 투자 손익	▲45,408
자산과 부채의 증감 외	768,168
영업 활동으로 얻은 현금〈순액〉	2,558,530

투자현금흐름으로 설비투자 상황을 알 수 있다

다시 〈도요타 자동차〉의 현금흐름계산서로 돌아가자(도표3-3).

투자현금흐름에서는 2008년도에 비해 2009년도의 마이너스 액수가 더 크다. 달리 말하면 투자액이 커졌는데, 투자액이 크게 증가한 이유는 '유가증권과 투자유가증권의 구입' 항목에서 합계 1조 3,928억 엔의 투자를 시행했기 때문이다. 그리고 그 매각액은 4,815억 엔이므로, 순액으로는 약 9,000억 엔 정도를 투자했다. 2008년도에 구입 4,114억 엔, 매각 9,607억 엔으로 매각이 약 5,500억 엔 정도 더 많았던 것과는 사뭇 다른 모습이다.

한편 '유형 고정자산의 구입(임대자산 제외)'은 2008년도에 1조 엔이 넘었던 것에 비해 2009년도에는 4,500억 엔 정도로 설비투자를 상당히 억제했음을 알 수 있다. 매출이 하락함에 따라 설비가 과잉 상태가 되었기 때문에 설비투자를 억제할 수밖에 없었다고 할 수 있다. 2008년도는 아직 세계 동시 불황의 영향이 나타나기 이전의 시기도 포함되기 때문에 설비투자를 계속했지만, 리먼쇼크 이후에는 설비투자를 대폭 억제했음을 알 수 있다.

기초

투자현금흐름을 통해 미래 투자를 하고 있는지를 살펴본다

투자현금흐름을 분석할 때는 설비투자를 충분히 시행하고 있는지 살펴볼 필요가 있다. 〈도요타 자동차〉는 세계 동시 불황의 영향을 받아 설비투자를 크게 줄였다.

나는 영업현금흐름의 항목에 있는 '감가상각비'의 액수와 투자현금흐름에 있는 '유형 고정자산의 구입'('유형 고정자산의 취득에 따른 지출'로 표기될 때도 있다)을 비교함으로써 설비투자를 충분히 시행하고 있는지 살펴본다. 감가상각비보다 유형 고정자산의 취득액이 더 많을 경우에는 '미래 투자'를 시행하고 있다고 생각한다. 이것은 장래의 실적에 영향을 준다.

그 외에도 기업 매수에 따른 주식의 취득이나 영업권(상표권 : 무형고정자산)의 취득 등도 이 투자현금흐름에 나타나므로 기업의 장래성을 분석하는 데 도움이 된다.

투자현금흐름은 일반적으로 설비투자를 시행하기 때문에 마이너스다. 설비매각 등이 많을 때는 플러스가 되지만, 이는 건전한 상황이 아닐 경우도 적지 않다. 다만 〈도요타 자동차〉와 같이 재무 여력이 큰 회사는 투자현금흐름에 '3개월이 넘는' 정기예금과 채권투자 같은 재무투자도 포함되기 때문에 그것을 많이 매각할 때는 플러스가 된다. 그러나 일반적인 회사에는 그 정도의 재무 여력이 없기 때문에 보통은 마이너스인 것이 건전하다.

재무현금흐름은 재무 상황과 주주 환원을 나타낸다

〈도요타 자동차〉의 2008년도 제3사분기까지의 재무현금흐름(도표 3-3)을 살펴보자. 전년도에는 단기차입 채무가 약 1조 5,000억 엔 증가했기 때문에 재무현금흐름이 합계 6,252억 엔의 흑자였지만, 2009년도의 같은 시기에는 차입을 증가시키지 않은 것도 있어서 2,025억 엔의 마이너스가 되었다. 전년도에는 위기에 대응하기 위해 단기차입으로 단기유동성을 충분히 확보한 것으로 생각된다(81페이지 참조). 금년도에는 배당과 자사주 매입을 대폭 줄여 주주 환원을 줄임으로써 그만큼 현금 유출을 줄였다.

지금까지 〈도요타 자동차〉의 2008년도와 2009년도의 제3사분기까지 실적을 살펴봤는데, 현금흐름계산서를 분석하면 손익계산서만으로는 파악할 수 없었던 것도 알 수 있게 된다.

기초

재무현금흐름은 마이너스인 것이 좋다

재무현금흐름은 재무 상황과 주주 환원을 나타낸다. 재무에서는 차입을 늘리거나 증자를 하면 재무현금흐름이 플러스가 되는데, 차입과 증자 모두 계속하는 것은 건전한 상황이 아니다. 차입은 자기자본비율을 악화시키며, 증자는 한 주당 이익과 순자산을 줄이기 때문이다.

주주 환원은 자사주의 매입이나 배당이므로 현금흐름이 마이너스가 된다. 그러므로 재무 활동이 중립인(혹은 없는) 경우에는 재무현금흐름이 마이너스가 되며, 재무 개선을 위해 차입금을 상환하면 재무현금흐름은 더욱 마이너스가 된다. 따라서 재무현금흐름은 마이너스가 좋은 상태라고 할 수 있다.

이상적인 현금흐름계산서는 영업현금흐름을 벌어들여서 그 범위에서 투자현금흐름과 재무현금흐름의 마이너스를 충당하는 것이다. 그러면 기업은 현금을 늘리게 되기 때문이다.

실적 회복과 현금흐름의 관계

실적 회복과 현금흐름의 관계를 알아보기 위해 1장에서 다룬 〈엘피다 메모리〉를 사례로 들겠다.

먼저 〈엘피다 메모리〉의 2008년과 2009년 4월부터 12월까지 9개월간의 손익계산서를 통해 실적 회복 상황을 살펴보자(도표 3-5). 도표 상단은 2008년 4~12월의 9개월간과 2009년 같은 시기의 손익계산서를 발췌한 것인데, 매출액이 2,845억 엔에서 3,194억 엔으로 증가했다. 그리고 매출원가, 판매비와 일반관리비(판관비)는 감소했다. 그 결과, 아직 영업손실이 발생하고는 있지만 2008년에 980억 엔이었던 적자액이 2009년에는 109억 엔으로 축소되었다. 최종적인 순손실도 1,180억 엔에서 306억 엔으로 적자폭이 줄었다.

또 하단의 제3사분기만을 비교하면 개선이 더욱 두드러진다. 2008년 10~12월기의 3개월과 2009년 같은 시기의 손익계산서를 보면 매출액은 617억 엔에서 1,510억 엔으로 약 2.5배 증가했다. 2008년에는 매출원가가 매출액보다 컸기 때문에 매출총이익의 단계에서 이미 적자였다. 이때는 2008년 9월의 리먼쇼크 직후로, 매출이 급속히 줄어든 시기다. 설비투자에 관한 고정비의 상각 등 당장은 줄일 수 없는 원가가 있기 때문에 매출총이익에서 적자가 났다. 이에 대해서는 1장에서 이미 확인한 바 있다. 여기에 판매비와 일반관리비(판관비)의 액수만큼 적자가 불어나 579억 엔의 영업손실을 계상했다.

한편 2009년의 제3사분기에는 매출액이 대폭 증가함에 따라 매출총이익은 471억 엔, 영업이익은 304억 엔의 흑자가 되었다. 매출액이 크게 증가해도 매출원가가 크게 변하지 않은 것을 보면 고정비 상각의 비중이 큼을 알 수 있다. 또 판관비의 액수도 그다지 변하지 않았기 때문에 이것 역시 고정비의 비중이 크다고 할 수 있다.

도표 3-5 〈엘피다 메모리〉의 사분기 손익계산서

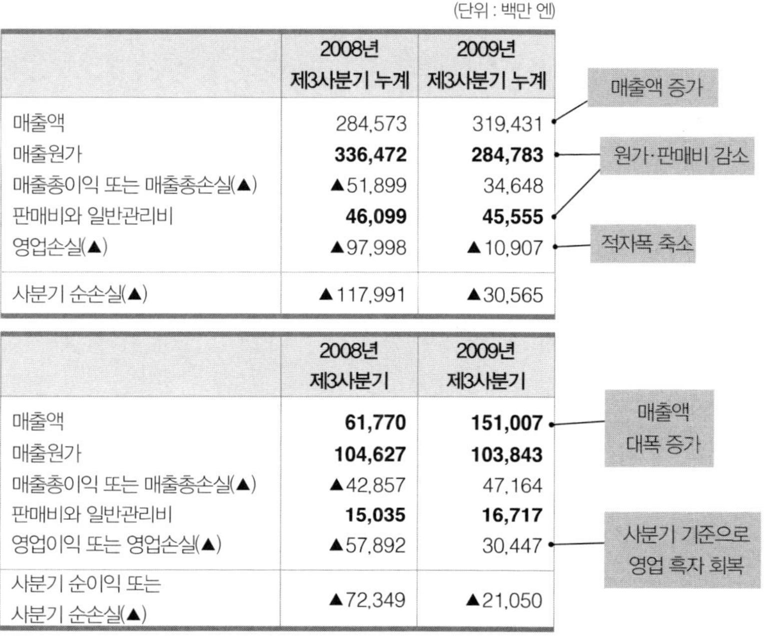

(단위 : 백만 엔)

	2008년 제3사분기 누계	2009년 제3사분기 누계
매출액	284,573	319,431
매출원가	**336,472**	**284,783**
매출총이익 또는 매출총손실(▲)	▲51,899	34,648
판매비와 일반관리비	**46,099**	**45,555**
영업손실(▲)	▲97,998	▲10,907
사분기 순손실(▲)	▲117,991	▲30,565

	2008년 제3사분기	2009년 제3사분기
매출액	**61,770**	**151,007**
매출원가	**104,627**	**103,843**
매출총이익 또는 매출총손실(▲)	▲42,857	47,164
판매비와 일반관리비	**15,035**	**16,717**
영업이익 또는 영업손실(▲)	▲57,892	30,447
사분기 순이익 또는 사분기 순손실(▲)	▲72,349	▲21,050

주 : 〈엘피다 메모리〉의 2010년 3월기 제3사분기 결산 단신을 바탕으로 작성(모두 연결).
2008년 제3사분기 누계는 2008년 4월 1일~2008년 12월 31일, 2009년 제3사분기 누계는 2009년 4월 1일~2009년 12월 31일. 2008년 제3사분기는 2008년 10월 1일~2008년 12월 31일, 2009년 제3사분기는 2009년 10월 1일~2009년 12월 31일

현금흐름 개선은 매출액 개선보다 늦다

현금흐름계산서를 살펴보자(도표 3-6). 영업현금흐름을 보면, 2008년 4~12월의 9개월 동안 36억 엔의 플러스였던 것이 2009년의 같은 시기에는 약 16억 엔까지 감소했다. 실적과 반대의 움직임을 보이고 있기 때문에 뭔가 이상한 느낌이 든다.

조금 더 자세히 분석해 보자. 상세한 내용을 보면, 통상적인 업무에서 얻는 현금흐름(이자 등을 조달하기 전의 영업현금흐름의 '소계')은 2008년이 77억 엔, 2009년이 135억 엔이므로 2009년에 더 증가했다. 영업현금흐름을 계산하는 방법은 원칙적으로는 이익(순이익)에 조정을 가해 계산한다. 구체적으로 들어가면, 이익은 '매출액-비용'으로 계산하는데, 그 비용 속에는 현금흐름이 줄지 않는 비용도 있다. 예를 들어 감가상각비나 감손 손실 등은 재무 회계상 비용이기는 하지만 가치의 감소를 나타내는 것이므로 현금흐름에는 영향을 주지 않는다. 이렇게 현금이 움직이지 않는 비용을 다시 더한다. 그리고 외상판매대금의 증가분 등은 매출액으로 계상되지만 현금은 증가하지 않으므로, 반대로 영업현금흐름을 계산할 때는 이를 뺀다. 〈엘피다〉의 경우, '매출채권의 증감액'을 보면 2008년에는 플러스 166억 엔이었지만 2009년에는 마이너스 855억 엔이 되었다. 이는 2008년도에는 외상판매채권이 감소했고(즉 그만큼 현금흐름은 개선되었고), 2009년에는 반대로 외상판매채권이 증가했음(판매는 했지만 자금을 회수하지 못함)을 나타낸다.

〈엘피다〉와 같이 매출액이 증가, 특히 최근의 사분기 등에 갑자기 증가했을 경우에는 외상판매대금이 급증할 때가 있으며, 그 결과 이익은 증가했지만 현금흐름은 그만큼 증가하지 못했을 수 있다. 다만 외상판매대금은 조만간 회수되므로 매출액의 증가 속도가 둔해지면 반대로 현금흐름이 개선된다.

통상 업무에 따른 현금흐름은 어느 정도 개선되었지만 최종적인 영업현금흐름이 개선되지 않은 이유는 이자 지급(69억 엔)의 증가와 금융 조성 비용의 지급(53억 엔)으로 현금이 유출되었기 때문이다. 어쨌든, 실적은 급속히 회복되었지만 외상판매대금의 증가 등으로 영업현금흐름은 이 단계에서는 그다지 회복되지 않았다.

마지막으로 도표 3-6의 재무현금흐름을 살펴보면, 〈엘피다〉는 2008년과 2009년에 실적이 악화된 탓도 있어서 2008년에 1,100억 엔을 장기차입하고(상환 147억 엔), 회사채를 약 500억 엔 발행했으며, 자산을 리스백(기업이 소유하던 자산을 리스 회사에 매각한 다음 다시 리스 계약을 맺어 사용하는 것-옮긴이)하여 328억 엔(상환 112억 엔)의 자금을 조달했음을 알 수 있다. 또 2009년에는 장기차입의 상환액이 더 많아졌지만 주식 발행으로 899억 엔의 자금을 조달하는 등 2년 연속으로 거액의 자금을 조달했음을 재무현금흐름에서 확인할 수 있다. 이를 보면 손익계산서상의 실적은 회복되었지만 자금적으로는 많이 힘든 상황이었음을 알 수 있다.

앞으로는 실적이 더욱 회복될 것으로 예상되며, 외상판매대금도 일

도표 3-6 〈엘피다 메모리〉의 현금흐름계산서

(단위 : 백만 엔)

	2008년도 제3사분기 누계	2009년도 제3사분기 누계	
영업 활동에 따른 현금흐름			
세금 등 조정 전 사분기 순손실(▲)	▲120,278	▲28,009	
감가상각비와 기타 상각비	**78,764**	**91,643**	감가상각비는 높은 수준이 지속되다
감손 손실	–	1,098	
⋮	…	…	
매출채권의 증감액(▲는 증가)	**16,579**	**▲85,461**	매출채권이 급증
⋮	…	…	
소계	7,717	13,544	
이자 수취액	813	322	
이자 지급액	**▲3,727**	**▲6,865**	이자 지급액 증가와 금융 조성 비용으로 현금 유출
금융 조성 비용 지급액	–	**▲5,250**	
⋮	…	…	
영업 활동에 따른 현금흐름	3,607	1,583	영업현금흐름은 감소
투자 활동에 따른 현금흐름	▲57,604	▲79,425	
재무 활동에 따른 현금흐름			
장기차입에 따른 수입	**110,000**	**44,000**	
장기차입금의 상환에 따른 지출	**▲14,700**	**▲62,084**	장기차입금을 적극 상환
전환사채형 신주 예약권부 사채의 발행에 따른 수입	49,985	–	
주식의 발생에 따른 수입	108	**89,904**	자금 조달은 계속
세일 앤드 리스백 거래에 따른 수입	32,831	17,905	
⋮	…	…	
재무 활동에 따른 현금흐름	167,064	73,495	
현금과 현금 동등물의 사분기말 잔고	207,465	108,774	

주 : 〈엘피다 메모리〉의 2010년 3월기 제3사분기 결산 단신을 바탕으로 작성(모두 연결). 2008년 제3사분기 누계는 2008년 4월 1일~2008년 12월 31일, 2009년 제3사분기 누계는 2009년 4월 1일~2009년 12월 31일. 2008년 제3사분기는 2008년 10월 1일~2008년 12월 31일, 2009년 제3사분기는 2009년 10월 1일~2009년 12월 31일

시적으로는 늘어날지 모르지만 서서히 매출액이나 이익의 증가와 함께 현금흐름을 증가시켜 재무적으로는 그다지 어려움을 겪지 않을 것으로 예상된다.

기초

이익과 현금흐름은 다르다(2)

지금까지 살펴봤듯이 매출이 회복되는 시기에는 매출채권(외상판매대금, 받을 어음)이 증가함에 따라 손익계산서상으로는 매출액과 이익이 개선되지만 영업현금흐름은 그다지 개선되지 않을 때가 있다. 반대로 매출액이 감소할 때는 전기前期까지의 외상판매대금 등이 회수되어 현금흐름은 양호해질 수도 있다. 이익과 현금흐름은 일치하지 않는 것이다.

그러나 외상판매대금은 언젠가 회수할 수 있으므로 수익이 개선될 때는 그보다 조금 늦게 현금흐름도 개선된다. 현금흐름계산서에서 영업현금흐름의 계산 방법에서도 알 수 있듯이, 이익과 현금흐름은 반드시 일치하지는 않지만 현금흐름의 원천이 이익임에는 틀림이 없다. 따라서 이익을 내지 않고 장기적으로 현금흐름을 플러스로 만들 수는 없는 것이다.

〈JAL〉의 재무제표, 특히 대차대조표와 손익계산서의 동향을 살피면서 〈JAL〉이 파산하기까지의 과정을 분석한다. 평소에는 누구도 거의 읽지 않는 '주주자본 등 변동계산서'에 대한 것도 다루었다. 〈JAL〉의 고뇌가 드러나는 대목이다.

2부

기업의 위기는 재무제표의 어디에 나타나는가?

재무제표를 통해 이해하는 기업 파산

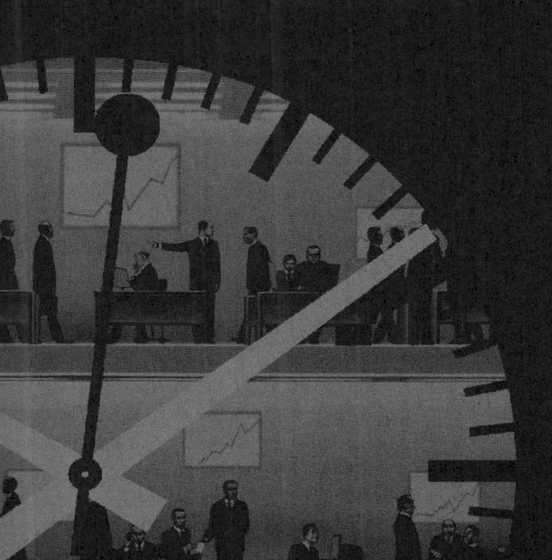

일본의 대표 항공 기업인 〈JAL〉에 대한 법정 정리가 2010년 1월에 결정되었다. 〈JAL〉이 파산하기까지 그동안의 손익계산서와 대차대조표 등을 살펴보며 재무제표가 얼마나 악화되었는지를 알아본다.

〈JAL〉의 재무제표로 살펴보는 재무 악화의 과정

1장부터 3장까지는 세계 동시 불황기와 그 회복기에 걸친 많은 기업의 재무제표를 분석함으로써 기업의 전략과 거시경제의 상황 등을 살펴봤다. 그리고 그 속에서 대차대조표와 손익계산서, 현금흐름계산서의 기본적인 구성과 해석 방법을 설명했다.

2부에서는 2010년 1월에 법적 정리가 결정된 〈JAL〉의 대차대조표와 손익계산서 등 재무제표의 악화를 소재로 기업의 안전성 등을 보는 법에 대해 설명하고자 한다.

비용 절감 속도를 앞지르는 매출액 감소 속도 : 손익계산서

먼저 〈JAL〉이 파산하기까지 손익계산서의 추이를 살펴보자. 〈JAL〉은 경기후퇴와 신종 인플루엔자 등의 영향에 따른 실적 부진으로 고전했다. 매출액의 감소율에 주목하기 바란다. 도표 4-1의 상단은 2009년 4~6월의 수익을 리먼쇼크가 발생하기 전인 2008년의 같은 시기와 비교한 것이다. 영업수익(매출액)이 약 4,903억 엔에서 3,348억 엔으로 31.7퍼센트에 이르는 큰 폭의 감수를 기록했다. 영업이익도 약 39억 엔의 흑자에서 861억 엔의 적자로 곤두박질쳤다.

좀더 자세히 살펴보자. 도표의 상단은 2009년 4~6월기와 2008년 4~6월기, 하단은 2009년 3월기 통기 결산과 2008년 3월기 통기 결산에서 발췌한 숫자다(2008년 4~6월기는 2009년 3월기의 제1사분기다). 앞에서도 살펴봤듯이, 2009년 4~6월기에는 1년 전에 비해 매출이 큰 폭으로 감소했다. 도표의 '사업비'에 주목하기 바란다. 일반적인 기업의 매출원가에 해당하는 사업비는 매출 감소와 함께 절대액은 줄어들었지만, 매출액에 대한 비율(사업비÷매출액)은 82.5퍼센트에서 106.9퍼센트로 크게 상승했다. 사업비에는 연료비 등의 변동비뿐만 아니라 항공기의 감가상각비 등 고정비가 포함되어 있는데(이것은 1장에서 설명한 '확정원가'다), 고정비는 매출액이 감소해도 단기적으로는 줄일 수 없기 때문에 사업비율이 대폭 상승했다. 또 사업비의 단계에서 비용이 영업수익을 초과했기 때문에 영업총이익(매출총이익)이 225억 엔의 적자 상태에 빠졌다. 게다가 판매비와 일반관리비도 삭감하기는 했지만 영업손실이 861억 엔에 이르렀다.

판관비율도 2008년 3월기와 2009년 3월기 모두 16퍼센트대인데, 2009년 4~6월기에는 19퍼센트로 상승했다. 비용 절감을 시행하고는 있지만 매출액의 감소에 상응하는 수준으로 삭감하지 못한 것이다.

도표 4-1 〈JA〉의 손익계산서

(단위 : 백만 엔)

	2008년 4~6월	비율	2009년 4~6월	비율
영업수익(매출액)	**490,336**	100.0%	**334,895**	100.0%
사업비	**404,319**	82.5%	**357,999**	106.9%
영업총이익, 손실	86,016	17.5%	**▲22,504**	▲6.7%
판매비와 일반관리비	82,102	16.7%	63,600	19.0%
영업이익, 손실	3,914	0.8%	▲86,105	▲25.7%
순이익, 손실	▲3,414	▲0.7%	▲99,036	▲29.6%

사업비를 메우지 못했다

판관비율도 상승

사업비율이 대폭 상승

	2008년 3월기	비율	2009년 3월기	비율
영업수익(매출액)	2,230,416	100.0%	1,951,158	100.0%
사업비	1,776,979	79.7%	1,687,881	86.5%
영업총이익, 손실	453,436	20.3%	263,277	13.5%
판매비와 일반관리비	363,423	16.3%	314,162	16.1%
영업이익, 손실	90,013	4.0%	▲50,884	▲2.6%
순이익, 손실	16,921	0.8%	▲63,194	▲3.2%

국제선의 매출액 하락 : 세그먼트 정보

세그먼트별 매출액 상황을 살펴보면, '국제선 승객 수입(매출액)'이 전년 동사분기의 1,804억 엔에서 973억 엔으로 46.1퍼센트나 감소했다. 거의 절반 수준으로 떨어진 것이다. 한편 '국내선 승객 수입'은 전년 동사분기가 1,537억 엔이었던 데 비해 1,311억 엔으로 14.7퍼센트 감소에 그쳤다.

국제선의 '유상 승객 수'는 17.4퍼센트 감소했는데, 승객 수의 감소에 비해 매출액의 감소가 큰 이유는 단가가 높은 비즈니스석의 승객이 대폭 감소했기 때문으로 생각된다. 아마도 단가가 높은 퍼스트클래스와 비즈니스클래스의 승객이 경기후퇴에 따른 기업들의 출장 여행 자제로 대폭 감소한 것으로 보인다.

유동 비율, 자기자본 비율 대폭 감소 : 대차대조표

지금까지 손익계산서의 분석을 통해 수익 측면에서 〈JAL〉이 위기에 빠졌을 무렵의 상황을 분석했는데, 대차대조표를 봐도 상당히 심각하다.

도표 4-2는 〈JAL〉의 2008년 3월 말과 2009년 3월 말, 6월 말 대차대조표를 발췌한 것이다. 도표 아래쪽에는 '현·예금÷월간 총매출액', '유동비율(유동자산÷유동부채)', '자기자본비율(순자산÷자산)'을 계산해 놓았다. 유이자 부채의 잔고도 단기와 장기로 나눠서 계산했다.

먼저 주의해서 봐야 할 것은 현·예금의 잔고다. 2008년 3월 말에는 3,549억 엔이었던 현·예금 잔고가 2009년 3월 말에는 1,636억 엔, 2009년 6월 말에는 1,122억 엔으로 감소했다. 현·예금은 매입이나 급료 등의 지급, 차입금의 상환을 위해 필요한데, 대체로 매출액의 크기에 따라 필요액이 정해진다(1부에서 설명한 '단기유동성'이다. 매우 중요한 개념이므로, 잊어버린 사람은 다시 한 번 정의를 확인하기 바란다). 〈JAL〉의 경우, 2008년 3월 말에는 매출액(월간 총매출액)에 대해 1.91배의 잔고를 보유하고 있었지만, 2009년 3월 말과 6월 말에는 각각 1.01배가 되었다(이 숫자를 기억해 두기 바란다. 바로 뒤에 다시 한 번 나온다).

단기적인 안전성을 나타내는 유동비율도 2008년 3월 말에 122.5퍼센트였던 것이 2009년 6월 말에는 70퍼센트까지 떨어졌다. 단기적으로는 자금 조달이 위태위태한 수준까지 현·예금과 유동자산의 잔고가 감소했다고 볼 수 있다.

또 중·장기적인 안정성을 나타내는 자기자본비율도 2009년 6월 말 10.5퍼센트로 2008년 3월 말에 비해 절반 이하의 수준으로 떨어졌다. 즉 재무적인 안정성에서는 의문 부호가 붙는 상태가 된 것이다.

도표 4-2 〈JAL〉의 대차대조표

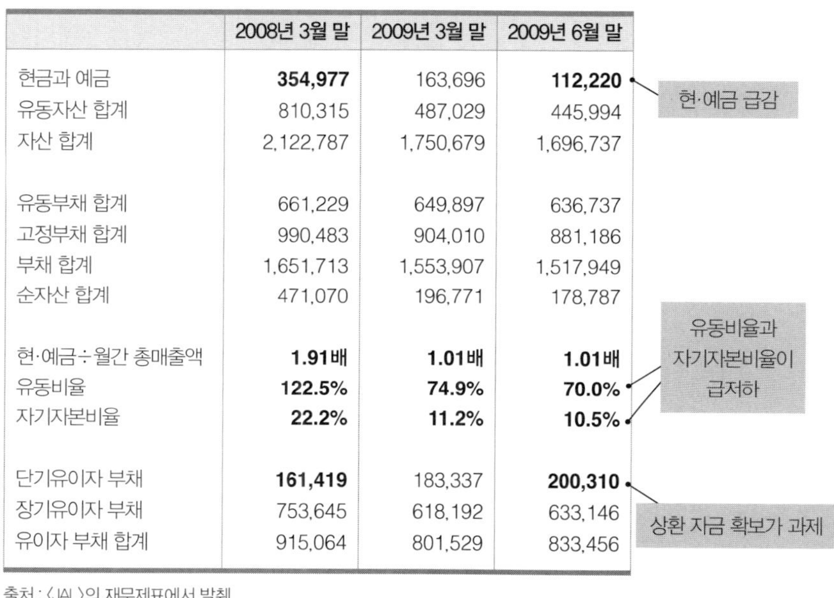

(단위 : 백만 엔)

	2008년 3월 말	2009년 3월 말	2009년 6월 말
현금과 예금	**354,977**	163,696	**112,220**
유동자산 합계	810,315	487,029	445,994
자산 합계	2,122,787	1,750,679	1,696,737
유동부채 합계	661,229	649,897	636,737
고정부채 합계	990,483	904,010	881,186
부채 합계	1,651,713	1,553,907	1,517,949
순자산 합계	471,070	196,771	178,787
현·예금÷월간 총매출액	**1.91배**	**1.01배**	**1.01배**
유동비율	**122.5%**	**74.9%**	**70.0%**
자기자본비율	**22.2%**	**11.2%**	**10.5%**
단기유이자 부채	**161,419**	183,337	**200,310**
장기유이자 부채	753,645	618,192	633,146
유이자 부채 합계	915,064	801,529	833,456

출처 : 〈JAL〉의 재무제표에서 발췌

한편 유이자 부채 잔고는 매출액이나 자산(=부채+순자산) 잔고가 축소되는 가운데서도 그다지 감소하지 않았고, 2009년 6월 말에는 오히려 3월 말보다 증가했다. 그것도 단기유이자 부채 잔고가 증가해, 부채 상환 자금까지 마련해야 할 상태였다.

'크라운 주얼'의 매각을 통한 자금 확보는 파산의 전조

그런 가운데, 〈JAL〉이 자회사인 〈JAL웨이즈〉의 주식 일부와 하와이 노선의 매각을 검토하고 있다는 기사가 신문에 보도되었다. 2009년에는 수익원 중 하나인 〈JAL카드〉의 주식 일부를 〈미쓰비시 UFJ 그룹〉에 매각했는데, 이 시점에서 이른바 '크라운 주얼'의 매각을 생각했던 듯하다. 크라운 주얼이란 왕관의 보석이라는 의미로, M&A에서는 수익력이 높아 고가에 매각할 수 있는 사업이나 자산을 뜻한다.

예전에 〈다이에〉는 실질적으로 파산하기 직전에 하와이의 알라모아와 쇼핑센터와 긴자의 프랭탕을 매각했는데, 이것도 크라운 주얼이었다. 원래는 절대 매각하고 싶지 않은 자산이지만, 실적이 악화된 본사의 자금을 조달하기 위해 어쩔 수 없이 매각한 것이다.

〈JAL〉이 크라운 주얼을 매각하면 당장은 어떻게든 자금 문제를 해결할 수 있더라도 장기적으로는 커다란 수익원을 잃게 된다. 크라운 주얼의 매각은 파산으로 가는 첫걸음이라고 볼 수 있다.

자산의 감소율보다 매출액의 감소율이 더 크다

다음으로 좀더 사태가 심각해진 시점의 재무제표를 분석해 보자. 도표 4-3은 〈JAL〉의 실적이 아직 양호했던 2008년 3월 말과 실적이 크게 악화되어 파산 소문이 돌기 시작한 2009년 9월 말의 대차대조표와 손익계산서(2009년 9월기는 반년분)를 발췌한 것이다. 이 두 시기의 대차대조표 사이에는 커다란 차이가 있다. 첫째는 2008년 3월에 2조 1,225억 엔이던 자산(=부채+순자산) 잔고가 2009년 9월에는 1조 6,827억 엔으로 4,400억 엔 정도 줄어들었다는 점이다. 자산 총액 자체가 줄어든 것이 반드시 나쁜 일은 아니다. 같은 자산으로 많은 매출을 올릴 수 있다면 자산효율이 좋아지기 때문이다. '매출액÷자산'을 '자산회전율'이라고 하는데, 자산회전율이 높은 기업은 자산을 효율적으로 활용하고 있다고 할 수 있다. 그러나 〈JAL〉의 경우는 2009년 9월기의 자산회전율이 0.91배로 2008년 3월기의 1.05배보다 떨어졌다(매출액은 반기의 숫자를 2로 곱해서 계산). 자산의 감소율보다 매출액의 감소율이 더 큰 것이다.

단기유동성의 급격한 악화

〈JAL〉의 자산 내용을 자세히 들여다보면, 고정자산의 감소액은 그다지 크지 않으며 대부분 유동자산이 감소했다. 그것도 현·예금이 대폭 감소했음을 알 수 있다. 현·예금을 월간 총매출액으로 나눈 숫자를 도표 4-3에 다시 한 번 실었는데, 2008년 3월기에는 월간 총매출액의

도표 4-3 급속한 실적 악화가 취약한 재무 구조에 직격탄

(단위 : 백만 엔)

	2008년 3월기	2009년 9월기
현 · 예금	**354,977**	**97,588**
(현 · 예금÷월간 총매출액)	**1.91** →	**0.77**
받을 어음과 영업 미수입금	241,349	203,704
기타(*)	213,989	138,127
(현 · 예금÷월간 총매출액)	810,315	439,419
항공기	721,967	749,312
기타 유형 고정자산	588,567	493,277
고정자산 합계	1,310,534	1,242,589
기타	1,933	709
자산 합계	**2,122,534**	**1,682,719**
(자산회전율)	**1.05** →	**0.91**
영업 미지급금	264,914	202,589
단기차입금	**3,084**	**21,785**
1년 내 상환 예정인 회사채	28,00	17,000
1년 내 상환 예정인 장기차입금	130,335	181,410
기타 유동부채	234,896	244,384
유동부채 합계	661,229	667,168
회사채	**102,229**	**50,229**
장기차입금	**651,416**	**572,434**
퇴직급여충당금	95,485	95,488
기타	141,353	138,130
고정부채 합계	990,483	856,281
부채 합계	1,651,714	1,523,450
주주자본	447,266	246,457
기타 순자산	**23,804**	**▲87,189**
순자산 합계	471,070	159,268
부채 · 순자산 합계	2,122,784	1,682,719
(자기자본비율)	**22.2%** →	**9.5%**

현 · 예금이 대폭 감소

자산 축소, 자산 회전율은 더욱 저하

장기차입금은 감소하고 단기차입금이 증가

주주자본이 절반으로 감소

자기자본비율이 10퍼센트 이하로

손익계산서

	2008년 3월기	2009년 9월기
영업수익	**2,230,416**	**763,953**
사업비	1,776979	729,060
(비율)	79.7%	95.4%
영업총이익	453,436	34,892
(비율)	20.3%	4.6%
판매비와 일반관리비	363,423	130,686
(비율)	16.3%	17.1%
영업이익	**90,013**	**▲95,793**
(비율)	4.0%	▲12.5%
순이익(손실)	**16.921**	**▲131,217**
(비율)	0.8% →	▲17.2%

실적이 급속히 악화

주: *는 유가증권, 저장품, 기타, 대손충당금

1.91개월분이었던 현·예금이 상황이 심각해진 2009년 9월기에는 0.77개월분밖에 남지 않았다.

'단기유동성'은 2장에서 설명했는데, 일반적으로 대기업의 경우는 현·예금과 즉시 매각할 수 있는 자산이나 금방 빌릴 수 있는 자금을 더한 '단기유동성'이 1개월분 이상이면 자금 조달은 가능하다. 즉 2개월분에 가까웠던 2008년 3월 말에는 상당히 여유가 있었다고 할 수 있다. 그러나 2009년 3월과 2009년 6월에는 1.01개월까지 떨어졌다. 나는 이 시점에서 〈JAL〉의 자금 사정이 아슬아슬한 상황에 이르렀다고 판단했는데, 2009년 9월에는 그보다 더 상황이 악화되었다. 아마도

이 시점에서는 필요한 자금액을 밑돌지 않았을까 추측할 수 있다. 즉 이 시점에서는 통상적인 지급이나 상환이 조금 지체되었을 것으로 생각된다. 그만큼 자금 사정이 심각했던 것이다. 일본정책투자은행 등에 자금 원조를 요청한 것도 이 시기다.

단기유동성은 현·예금과 (유동자산에 속한 유가증권 등) 즉시 매각할 수 있는 자산, 바로 조달할 수 있는 자금의 합계를 월간 총매출액으로 나눈 것이다. 그러나 〈JAL〉과 같이 경영이 벼랑 끝에 몰리면 즉시 매각할 수 있는 자산이나 바로 빌릴 수 있는 돈이 없어지기 때문에 현·예금을 월간 총매출액으로 나눈 것이 단기유동성이 된다고 생각해야 한다. 여담이지만, 2009년 9월의 중간결산일 직전인 9월 24일에 〈JAL〉의 당시 니시마쓰 사장이 마에하라 국토교통성 장관을 찾아갔다. 때마침 다음날 아침 텔레비전 방송(아사히TV의 '야지우마 플러스')에 내가 출연해 그에 대한 언급을 했기 때문에 기억하고 있다. 그때 나는 "25일이 급료일이라 유동 자금이 부족해서 장관을 찾아가지 않았을까요?"라고 말했다. 기업은 대개 급료일에 거액의 자금이 나간다. 그래서 급료일부터 월말에 걸친 기간에 자금이 바닥(최저)이 되는 경우가 대부분이다. 2009년 9월 말 대차대조표의 현·예금 숫자를 보면 역시 자금 상황이 아슬아슬한 상태를 넘어서 그 이하로 떨어졌음을 알 수 있다.

세계 동시 불황과 같이 실적이 급격히 악화될 때는 적자와 함께 현·예금이 유출된다. 그럴 경우에 급한 불을 끌 수 있느냐 없느냐는 평소에 체력(=자금 여력)이 있느냐에 달려 있다. 차입 한도까지 돈을 빌리는 기업은 실적이 악화되면 그 이상 돈을 빌릴 수 없기 때문에 자금 사정이 악화되고, 도산 리스크가 높아지면 은행을 비롯한 채권자의 상환 요구가 거세져 더욱 자금 사정이 악화되는 악순환에 빠진다.

은행도 불안감에 장기대출을 단기로 전환하다

대차대조표의 부채 부분을 살펴보기 바란다. 2009년 9월기에는 2008년 3월기에 비해 장기유이자 부채(회사채+장기차입금)가 1,300억 엔 정도 감소했는데, 반대로 단기유이자 부채는 600억 엔 가까이 증가했다. 기한이 돌아온 회사채 등은 상환하면서도 자금 상황이 어려워졌기 때문에 단기차입으로 어떻게든 급한 불을 끄려고 한 것을 볼 수 있다. 그리고 이런 상태가 되면 은행도 '불안해지기' 때문에 장기융자를 꺼리고, 빌려 주더라도 최대한 단기로 빌려 주게 된다. 경우에 따라서는 단기도 즉시 상환해 줄 것을 요구하게 된다. 어쨌든 자금 사정이 급속히 악화된 상태다.

이만큼 자금 사정이 급속히 악화된 이유는 물론 실적이 악화되었기 때문이다. 2008년 3월기에는 영업이익이 900억 엔, 순이익이 169억 엔이었다. 그러나 이듬해인 2009년 3월에는 리먼쇼크 등의 영향도 있어서 영업손실이 508억 엔, 순손실도 631억 엔에 이르렀다. 게다가 2009년 9월 중간기만으로도 영업손실이 957억 엔, 순손실이 1,312억 엔이나 되었다. 적자폭이 계속 커진 것이다.

순자산이 마이너스가 되는 '채무 초과 상태'가 되다

적자는 현·예금의 감소를 통해 자금 사정을 급속히 악화시키는 동시에 순자산의 훼손을 일으킨다. 도표 4-3에는 2008년 3월과 2009년 9월의 '자기자본비율(=순자산÷자산)'이 비교되어 있는데, 적자로 '주주자본'이 약 2,000억 엔 감소함에 따라 자기자본비율도 위험선인 10퍼센트를 밑도는 수준까지 떨어졌다. 이러한 상황이 되면 단기적인 자금 조달로 도산 리스크가 높아지며, 설사 이 상태를 벗어나더라도 자기자본이 충분하지 못하기 때문에 그 뒤에도 차입에 의존할 수밖에 없어 중·장기적으로 어려운 상황에 놓인다.

〈JAL〉은 그 후 일본정책투자은행 등에 자금을 요청해 급한 불을 껐지만, 결국 2010년 1월에 회사갱생법의 적용을 신청했다. 회사갱생법의 신청에 앞서 스폰서가 되는 기업재생지원기구 등과의 사전협의를 통해 7,000억 엔에 이르는 채권 포기와 6,000억 엔의 자금 공여 등이 시행됨에 따라 당장의 자금 문제는 해결되었다. 신생 〈JAL〉이 다시 일어설 수 있을지는 어느 정도의 속도로 흑자를 달성하느냐에 달려 있다.

한편 법적 정리 이후 조사를 통해 〈JAL〉이 실질적으로는 '채무 초과' 상태에 빠져 있었음이 밝혀졌다. 채무 초과란 순자산이 마이너스가 되는 것이다.

그러면 순자산에 대해 알아보자.

순자산

예전에는 '자본'이라고 부르던 것인데, 지금은 '순자산'이라고 부른다. 본질적으로는 그다지 큰 차이가 없다. 기본적으로 기억해야 할 점은 두 가지다. 순자산은 ① 자산을 조달하고 있는 자금 중 상환 의무가 없는 것이라는 점과 ② 주주의 것이라는 점이다.

〈가오〉의 대차대조표의 순자산 변을 통해 그 내용을 살펴보자(도표 4-4). 순자산은 '주주자본'과 '평가·환산 차액 등', '신주 예약권', '소수주주지분'으로 나뉘는데, 중요한 것은 주주자본이다. 일반적인 회사에서는 이것이 순자산의 대부분을 차지한다. 중소기업의 경우 평가·환산 차액 등 이하는 거의 없다고 봐도 무방하다. 〈가오〉의 주주자본은 2010년 3월 말 6,262억 8,000만 엔이며, 그 대부분이 이익잉여금이다.

주주자본을 자세히 살펴보자. 자본금과 자본잉여금은 주로 주주가 회사에 낸 돈이다. 말하자면 '밑천'이다. 이에 비해 이익잉여금은 지금까지 벌어들인 이익의 축적이다. 순이익에서 배당 등으로 유출되지 않은 분량을 축적한 것이다. 원칙적으로는 이익잉여금이 없으면 주주에게 배당할 수 없다. 자본금과 자본잉여금은 말하자면 밑천이므로, 이를 줄이려면 주주총회의 특별결의(출석 주주의 3분의 2 이상 찬성)가 필요하다. 이익잉여금은 그 밑천이 벌어들인 과실로, 배당 등으로 사용할 때는 주주총회의 보통 결의(출석 주주의 과반수 찬성)로 충분하다.

적자가 계속되면 이익잉여금은 마이너스가 된다. 이 마이너스가 커지면 순자산 전체도 마이너스가 되는데, 이 상태를 '채무 초과'라고 한다. 물론 채무 초과가 되었다고 해서 금방 회사가 도산하지는 않지만, 은행 등의 융자가 상당히 까다로워지는 것은 틀림없다. 기업으로서는 이익을 내서 이익잉여금을 쌓아 순자산을 늘리고 자기자본비율을 높이는 것이 중요하다.

순자산을 살필 때 한 가지 주의할 점이 있다. 지금까지 설명한 내용과 관계가 있는데, 순자산이 충분히 있어도 단기적으로는 자금 조달에 어려움을 겪을 수가 있다는 점이다. 순자산은 반드시 즉시 현금화할 수 있는 자금인지 알 수가 없기 때문이다. 이것은 어디까지나 대차대조표의 왼쪽에 있는 '자산'의 내용을 보지 않으면 알 수가 없다. 순자산은 원래 주주로부터 받은 자금 또는 축적된 이익인데, 그것이 현·예금으로 남아 있는지 아니면 설비투자 등에 사용되었는지는 자산의 내용을 봐야 알 수 있다. 순자산은 어디까지나 자산을 마련하기 위한 자금의 조달 '원源'이지 자금 그 자체가 아닌 것이다. 그러므로 순자산이 충분히 있어도 그것이 현·예금이나 즉시 팔 수 있는 유가증권이 아닌 이상은 당장의 자금 마련에 도움이 될지 알 수가 없다. 자기자본비율이 높아도 단기적인 안정성과 반드시 관계가 있지는 않다는 말이다.

〈JAL〉의 경우는 실적의 악화로 적자를 내어 자기자본비율이 저하됨과 동시에 자금 조달도 악화되는 전형적인 파산의 패턴을 보였다.

도표 4-4 〈가오〉의 순자산

(단위 : 백만 엔)

	2009년 3월 말	2010년 3월 말
순자산		
주주자본		
자본금	85,424	85,424
자본잉여금	109,561	109,561
이익잉여금	431,799	442,272
자기주식	▲11,038	▲10,977
주주자본 합계	615,745	626,280
평가·환산 차액 등		
기타 유가증권 평가차액금	2,090	2,291
이연 헤지 손익	▲11	▲0
외환 환산 조정 계정	▲70,134	▲62,992
기타 평가 · 환산 차액 등	▲2,459	▲445
평가·환산 차액 등 합계	▲70,515	▲61,146
신주 예약권	838	1,022
소수주주지분	8,124	9,139
순자산 합계	554,194	575,294

'주주 자본 등 변동 계산서'에서 〈JAL〉의 위기를 포착하다

회사법에서는 모든 주식회사에 '주주자본 등 변동계산서'의 개시를 의무화하고 있다. 이것을 보면 순자산의 주요 부분을 차지하는 주주자본의 상황을 더욱 자세히 알 수 있다. 여기에서는 〈JAL〉의 과거 시점의 주주자본 등 변동계산서를 살펴봄으로써 〈JAL〉이 예전부터 위기 상황이었음을 설명하려고 한다.

도표 4-5는 〈JAL〉의 2006년도(2006년 4월부터 2007년 3월까지) 주주자본 등 변동계산서(일부)다. 이 시기에 〈JAL〉은 신주 발행(증자)을

통해 1,485억 엔의 자금을 조달했다. 이것은 자본금과 자본잉여금의 증가액이다. 주주가 기업에 투자한 돈이다. 그리고 그 액수의 대부분을 차지하는 1,312억 7,400만 엔을 이익잉여금으로 대체했다(정확히는 자본잉여금만을 대체했다).

왜 이런 조치를 취했을까? 전년도 말인 2006년 3월기의 자본 변

도표 4-5 〈JAL〉의 연결주주자본 등 변동계산서(일부)

	주주자본				
	자본금	자본잉여금	이익잉여금	자기 주식	주주자본 합계
2006년 3월 31일 잔고(백만 엔)	100,000	136,145	▲90,186	▲892	145,065
연결회계연도 중의 변동액					
신주 발행	74,250	74,250			148,500
결손 보전에 따른 자본잉여금의 이익잉여금 대체(주)		▲131,274	13,274		–
임원 상여(주)			▲26		▲26
당기순손실			▲16,267		▲16,267
연결 범위의 변동 등			▲17	8	▲9
자기주식의 취득				▲131	▲131
자기주식의 처분		▲24		129	105
주주자본 이외의 항목의 연결 회계연도 중의 변동액(순액)					
연결회계연도 중의 변동액 합계(백만 엔)	74,250	▲57,048	114,962	5	132,169
2007년 3월 31일 잔고(백만 엔)	174,250	79,096	24,776	▲887	277,235

주 : 2006년 6월 정기 주주총회에서의 이익 처분과 손실 처리 항목이다.

(2006년까지 순자산 변은 자본 변이라고 불렀다)의 '이익잉여금'을 보면 약 901억 엔의 마이너스였다. 앞에서도 설명했지만, 적자가 계속되면 이익잉여금은 마이너스가 된다. 그래서 자본 변 전체도 그 액수(자본 합계)가 1,480억 엔 정도까지 떨어지며 총자산 2조 1,612억 엔에 대한 '자기자본비율'이 7퍼센트를 밑도는 수준까지 하락했다. 2006년 3월기 손익계산서를 보면 472억 엔의 순손실을 계상했다. 이 시기부터 이미 상당히 상황이 심각했음을 엿볼 수 있다.

그리고 증자로 얻은 자금을 이익잉여금으로 대체함에 따라 2007년 3월 말에는 이익잉여금이 약 247억 엔의 플러스가 되었다(도표의 '이익잉여금' 칸에서 직접 확인하기 바란다). 지금 설명했듯이 증자로 얻은 자본잉여금을 포함한 1,312억 엔을 대체하여 2006년 3월기에 901억 엔의 마이너스였던 이익잉여금을 증가시킨 것이다. 따라서 계산상으로는 이익잉여금이 일시적으로 411억 엔 정도의 플러스가 되었다. 그런데 2007년 3월 말에 247억 엔의 플러스라는 것은 이 기에도 그 차액만큼의 순손실을 계상했다는 의미다. 이것도 주주자본 등 변동계산서를 보면 전부 알 수 있다.

기초

연결과 개별의 차이

그러면 〈JAL〉의 사례와 관련해 '연결'과 '개별' 결산에 대해 알아보

자. 내가 이 내용을 다루는 이유는 〈JAL〉의 법적 정리가 결정된 직후 텔레비전에 출연한 어떤 경제평론가가 "〈JAL〉은 단독으로는 흑자인데 왜 법적 정리가 필요한가?"라고 탄식했기 때문이다. 이 경제평론가는 개별결산서를 보고 "단독으로는 흑자"라고 말한 것으로 생각되는데, 이는 커다란 오해다.

이른바 국제회계기준이 도입됨에 따라 2000년 3월기부터 연결결산 제도가 변경되면서 기존에 '주主' 결산이었던 모회사의 단일재무제표가 '종從' 결산이 되고 연결재무제표가 주 결산이 되었다. 이에 따라 각 기업은 결산 단신 등 재무제표를 개시하는 서류의 전반부에 연결재무제표를, 후반부에 모회사의 개별재무제표를 개시하고 있다. 이 경제평론가는 〈JAL〉의 모회사의 개별손익계산서 등을 봤던 것으로 보이는데, 〈JAL〉의 모회사는 〈JAL〉의 업무를 담당하고 있는 본체가 아니라 〈JAL〉의 지주회사이며, 다양한 회사의 주식만을 보유하고 있는 회사다. 상법(현 회사법) 개정으로 '순수지주회사'가 인정되었기 때문에 상장 기업 중에는 지주회사(홀딩스) 아래에 사업 회사를 두는 형태를 취하고 있는 곳이 적지 않다. 지주회사는 보통 산하에 있는 회사의 배당이나 '매니지먼트 비용Management Fee'이라고 부르는 경영관리비를 통해 운영을 유지하고 있어 적자가 나지 않게 되어 있다. 아마도 이 경제평론가는 〈JAL〉의 지주회사의 손익계산서를 보고 그런 발언을 한 듯한데, 대차대조표나 결산 단신의 기업 구성 상황을 조금만 들여다봐도 그런 기초적인 실수는 하지 않았을 것이다. 애초에 〈JAL〉의 본업이 흑자였다면 이렇게 소란스럽게 법적 정리를 논의하지도 않았을 것이다.

한마디 더 하자면, 지주회사 등 모회사의 재무 내용을 '개별'로 개시하려면 지주회사가 아니라 가장 본업이라고 할 수 있는 회사의 개별 재무 내용을 개시하는 편이 좋지 않을까 생각한다. 그러면 그 경제평론가와 같은 기초적인 실수도 없었을 것이다.

〈JAL〉의 공적지원은 은행을 구하기 위한 것

이것은 3부에서 다루는 '은행과 자기자본비율 규제'와도 관계가 있는 내용이다. 나는 〈JAL〉의 구제에 은행의 자기자본비율 규제 문제가 크게 관련되어 있다고 생각한다. 〈JAL〉이 파산하기까지의 경위에는 은행 문제, 그것도 새로운 자기자본비율 규제(이른바 '바젤3') 문제가 얽혀 있었다. 그래서 이 장을 끝내기에 앞서 그 문제를 살짝 다루고자 한다. 세상일은 그렇게 단순하지 않으며 여러 가지가 복잡하게 얽혀 있음을 알 수 있을 것이다.

여기에서는 참고로 내가 닛케이BP넷의 '캐리워커' 코너에서 연재했던 기사를 실었다. 지금까지 살펴본 내용의 복습도 겸해서 읽어보기 바란다. 〈JAL〉의 법적 정리가 결정되기 이전에 쓴 것이다.

칼럼

〈JAL〉에 대한 공적지원, 누가 손해를 보고 누가 이득을 보는가?

나는 '정부는 JAL을 구제해야 하는가?'라는 칼럼에서 〈JAL〉에 대한 대응책에 대해 내 나름의 의견을 적었다. 그 칼럼에서 나는 〈JAL〉에 공적자금을 투입한다면 신중한 논의가 필요하다고 말했는데, 결국 정부는 〈JAL〉에 공적지원을 하기로 했다. 여러분은 이 결정이 이해되는가? 내게는 수많은 의문이 남아 있다. 그래서 정부가 〈JAL〉에 공적지원을 함으로써 누가 손해를 보고 누가 이득을 보는지 이야기해 보려 한다. 결론부터 말하자면, 이대로는 이득을 보는 쪽은 은행이며 〈JAL〉 자신은 빈털터리가 되어 재생이 불가능해져 손해 보게 될 것이다.

기업을 위해 법률을 만드는 것은 말이 안 된다

〈JAL〉에 공적자금을 투입한 것에 대해, 나는 결론적으로 '말이 안 된다.'고 생각한다.

먼저 기업연금의 문제인데, 일개 기업을 위해 법률을 만들면서까지 연금을 이렇게 저렇게 하려는 것도 말이 안 된다. 법률을 만들지 않더라도 마음만 먹으면 기존의 틀 안에서 할 수 있는 조치가 얼마든지 있기 때문이다.

예전에 신구 분리라는 이야기가 있었다. 우량 사업인 'Good JAL'과 채산성이 없는 사업인 'Bad JAL'로 나눠서 Bad JAL의 법적 정리 등을 시행한 다음 신회사에 공적자금을 투입한다는 내용이었다. 이것을 시행하면 되지 않을까? 이때 한 가지 방법으로 기존의 〈JAL〉이 새로운 〈JAL〉에 영업권을 양도하면 되지 않을까 생각한다. 완전히 새로운 〈JAL〉을 만들고 이곳으로 옮기고 싶은 사람은 이적시키는 것이다. 영업권을 양도하는 것이니 이적할 때 고용계약을 맺으면 그만이다. 이적하고 싶지 않은 사람이나 과거의 직원 등과의 권리 의무 관계는 구회사에 남는다. 구회사는 영업권을 양도했기 때문에 신회사에서 받은 영업권 양도 자금으로 노동채권 등 우선순위가 높은 것부터 순서대로 어느 정도 정리한다. 구회사가 채무를 어느 정도 상환한 다음 법적으로 정리하고, 돈이 남으면 주주 등에 분배하면 되며, 남지 않으면 그대로 사라진다(실질 채무 초과 상태이므로 채무를 어느 정도 상환하면 주주에게 줄 돈은 전혀 남지 않겠지만). 이렇게 해서 구회사를 법적 정리하고, 신회사가 일본을 위해 필요하다면 채무도 없는 새로운 회사로서 모두가 지원해 주면 될 것이다.

혹은 신구 분리를 하지 않고 민사재생법이나 회사재생법을 적용해 재생하는 식으로 기존의 틀 안에서 대처하면 해결할 수 있는 문제라고 생각하는데, 굳이 법률까지 만들어서 대처할 필요가 있을까? 민사재생법이나 회사재생법은 지금까지도 수많은 회사가 이용한 실적이 있는, 회사의 원활한 '재출발'을 위한 법적 정리다. 이들 대처법은 회사를 파산시키기 위한 것이 아니다.

〈JAL〉은 재생 태스크포스 등으로부터 "실질적으로 채무 초과 상태다."라는 말을 듣는 회사다. 그런 회사를 이대로 존속시키면 회복 자체도 매우 어려우며, 앞으로 설명할 다른 이유도 고려할 때 민사재생 절차라든가 회사재생법을 이용하는 것이 적합하다고 나는 생각한다. 그런 방법을 사용하지도 않고 왜 〈JAL〉을 위해 연금을 삭감하는 법률을 새로 만드는지 이해가 되지 않는다.

왜 신구 분리나 민사재생 절차, 회사재생법 적용을 시행하지 않는 것일까? 이것은 그렇게 함으로써 이득을 보는 사람들이 있기 때문이다.

〈JAL〉에 대한 공적지원의 배후에 있는 '은행'의 존재

거꾸로 말하면, 법적 정리를 하지 않는 이유는 그렇게 하면 손해를 보는 사람이 있기 때문이다. 〈닛케이신문〉의 다음 기사를 읽어보기 바란다. 은행과 관련된 내용이므로 언뜻 〈JAL〉과는 전혀 관계가 없는 것처럼 생각될지도 모르지만 사실은 커다란 관계가 있다.

미·일·유럽 은행 자본 규제 강화

주요국의 은행감독당국은 국제적으로 활동하는 주요 은행에 대해 자기자본 규제를 강화한다. 자본으로서 질이 높다고 여겨지는 보통주와 내부 유보를 더한 자기자본이 일정 수준을 웃돌도록 요구하는 새로운 규제를 설정한다. 우선주와 우선출자증권은 원칙적으로 새 기준의 계산에 포함시키는 것을 인정하지 않을 방침이다. (중략) 일본의 대형 은행 중 일부는 시급히 보통주의 추가 발행을 통해 거액의 자본을 조달해야 할 것으로 예상된다. (2009년 11월 6일자)

바젤 은행감독위원회에서 은행 자본 규제를 강화한다는 논의를 진행하고 있다는 기사다. 그러면 '자기자본비율'에 대해 복습해 보자. '자기자본비율'이란 무엇인가?

먼저, 자산은 곧 재산을 가리킨다. 여기에는 현금이나 토지 등이 포함된다. 다음으로 재산을 마련하려면 돈이 필요하다. 그 돈을 '부채'라는 형태와 '순자산'이라는 형태로 충당한다. 이것을 나타낸 것이 도표 4-6이다. '부채'는 남에게 빌린 돈이다. 예를 들어 은행의 경우는 예금이라든가 콜 차입도 부채에 포함된다. 부채는 반드시 갚아야 하는 돈이다. '순자산'은 주주가 낸 돈과 이익의 축적이다. 물론 이것은 상환 의무가 없는 돈이다. 그리고 '자산'을 조달하고 있는 돈 중에서 '순자산'의 비율을 '자기자본비율'이라고 한다.

은행의 자기자본비율은 독특한 계산 방법이 있는데, 원칙은 일반 기업과 같다. 지금까지 국제적으로 업무를 하는 은행은 자기자본비율이 8퍼센트 이상으로 규제되고 있다. 그러나 아직 정식으로 결정되지는 않았지만 2012년부터는 그 기준을 12퍼센트 이상이 되도록 단계적으로 도입하자는 논의가 진행되고 있다. 기사에도 나와 있지만, 일부 은행은 시급히 자본금을 조달해야 할 수도 있다.

〈주간 다이아몬드〉의 조사에 따르면 2009년 9월 말의 〈JAL〉에 대한 융자 잔고는 〈일본정책투자은행〉이 2,758억 엔, 〈미즈호 코포레이트 은행〉이 744억 엔, 〈미쓰비시 도쿄 UFJ 은행〉이 734억 엔 등을 빌려 주었다. 그리고 도표 4-8도 보기 바란다. 주식 보유 상황이다. 도표 4-8은 A종 주식의 주주 명부다. A종 주식이란 우선주를 뜻한다. 한 주당 250엔에 발행했다. 한편 도표 4-9는 보통주를 소유한 회사의 명부(보유량이 많은 상위 10명)다. 〈JAL〉의 주식을 보유하고 있는 은행이 이만큼 많음을 알 수 있다. 법적 정리를 하면 은행의 출자 채권이나 보유 주식은 가치가 거의 없어진다. 즉 전손全損에 가까운 상황에 빠지는

도표 4-6 **자산의 내역**

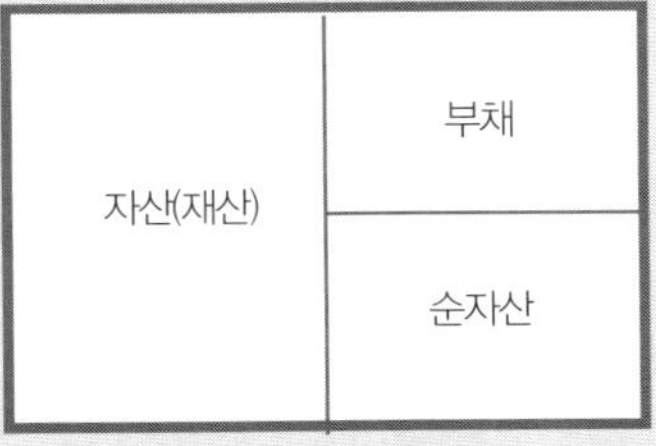

도표 4-7 **자기자본비율이란?**

$$\frac{\text{순자산}}{\text{자산}} = \text{자기자본비율}$$

것이다.

예를 들어 〈미즈호 코포레이트 은행〉의 소유 주식을 살펴보자. 도표 4-8에서 A종 주식을 보면, 〈미즈호 코포레이트 은행〉이 소유한 우선주는 8,000만 주로 적혀 있다. 우선주는 한 주에 250엔이므로 총액은

도표 4-8 〈JAL〉의 A종 주식의 명부(2009년 3월 31일 현재)

이름 또는 명칭	소유 주식 수(천 주)	발행 주식 총수에 대한 소유 주식 수의 비율(%)
주식회사 미즈호 코퍼레이트 은행	80,000	13.03
주식회사 일본정책투자은행	80,000	13.03
미쓰이 물산 주식회사	80,000	13.03
주식회사 미쓰비시 도쿄 UFJ 은행	68,000	11.07
소지쓰 주식회사	60,000	9.77
미쓰비시 상사 주식회사	60,000	9.77
USB 시큐리티즈 재팬 리미티드	40,000	6.51
주식회사 미쓰이 스미토모 은행	22,000	3.58
이데미쓰 흥산 주식회사	20,000	3.58
이토추 상사 주식회사	20,000	3.58
주식회사 재팬 에너지	20,000	3.58
신일본 석유 주식회사	20,000	3.58
스미토모 상사 주식회사	20,000	3.58
마루베니 주식회사	20,000	3.58
코스모 석유 주식회사	4,000	0.65
계	614,000	100.00

출처 : 〈JAL〉의 유가 증권 보고서(2009년)에서 발췌

250엔×8,000만 주=200억 엔이 된다. 이번에는 도표 4-9에서 〈미즈호 코포레이트 은행〉의 보통주 소유량을 살펴보자. 소유 의결권 수는 5만 5,303석으로 나와 있으므로 보통주 소유량은 3,530만 3,000주가 된다(소유 의결권 수 1개=1,000주라고 생각하기 바란다). 〈JAL〉의 주식은 한 주당 100엔 정도(2009년 11월 19일 현재)이므로, 단순히 계산하면 〈미즈호 코포레이트 은행〉이 소유한 보통주의 총액은 약 35억 엔이다. 만약 〈JAL〉이 파산한다면 물론 우선주도 휴지 조각이 된다. 이자가

도표 4-9 소유 주식에 대한 의결권의 개수 상위 10명(2009년 3월 31일 현재)

이름 또는 명칭	소유 의결권 수 (개)	총주주 의결권에 대한 소유 의결권 수의 비율(%)
일본 트러스티 서비스 신탁은행 주식회사(신탁계좌4G)	136,423	5.03
도쿄 급행 전철 주식회사	80,428	2.97
도쿄 해상일동화재보험 주식회사	70,188	2.59
일본 트러스티 서비스 신탁은행 주식회사(신탁계좌)	51,744	1.91
일본 마스터 트러스트 신탁은행 주식회사(신탁계좌)	46,769	1.72
닛세이도와 손해보험 주식회사	43,076	1.59
일본항공그룹 사원 주주회	37,302	1.37
주식회사 미즈호 코포레이트 은행	35,303	1.30
주식회사 미쓰비시 도쿄 UFJ 은행	34,772	1.28
일본생명보험 상호회사	29,339	1.08
계	565,344	20.88

출처: 〈JAL〉의 유가 증권 보고서(2009년)에서 발췌

지급되는 한 감손 처리가 되지 않기 때문에 완전 손실을 입을 것이다.

예로 든 〈미즈호 코포레이트 은행〉은 우선주 200억 엔에 보통주 약 35억 엔으로 모두 약 235억 엔이나 되는 〈JAL〉 주식을 소유하고 있다. 만약 〈JAL〉이 파산하면 이 주식도 사라질 것이다. 여기에 융자가 774억 엔이나 있다. 이를 다 합치면 최대 1,000억 엔 정도 손실을 입을 가능성이 있는 것이다. 〈미쓰비시 도쿄 UFJ 은행〉은 일찌감치 1조 엔의 증자를 발표했지만, 재무적으로 열악한 〈미즈호 코포레이트 은행〉에 〈JAL〉에 물린 1,000억 엔은 현 시점에서는 매우 '심각한' 존재가 될 가능성이 있다.

또 〈일본정책투자은행〉은 더욱 커다란 손해를 볼 가능성이 있다. 융자만 해도 2,758억 엔이나 되기 때문이다. 〈일본정책투자은행〉은 고이즈미 개혁 등으로 폐지 또는 축소가 논의된 정부계 금융기관 중 하나다. 그런데 이렇게 커다란 손실을 내면 그 논의가 재연될 가능성이 있다. 그러면 민주당으로서는 골치 아픈 문제가 될 수 있다.

이제 내가 무슨 말을 하고 싶은지 이해될 것이다. 〈JAL〉의 공적지원은 실질적으로 〈JAL〉을 구제한다기보다는 은행 구제가 될 가능성이 큰 것이다. 정부는 사적 정리(사업 재생 ADR)를 한다고 말하지만, 우리는 은행이 어디까지 손실을 입을지 똑똑히 지켜봐야 한다. 'JAL을 구제한다.'는 대의명분 아래 〈JAL〉을 법적 정리하지 않는 진짜 이유는 은행 구제라는 측면이 매우 강하지 않나 생각한다.

많은 국민의 눈은 지금 '세금으로 〈JAL〉 퇴직자의 비싼 연금 등을 구제하는 결과가 되지 않을까?'에 쏠려 있지만, 〈JAL〉에 자금을 빌려주고 있는 은행의 손실이 얼마나 될지 주의해서 보지 않으면 국민의 돈으로 은행을 구제하는 결과가 될 수 있다.

9월기는 1,312억 엔의 순손실. 〈JAL〉의 미래 전망은?

이와 관련해 조금 다른 관점에서 살펴보자. 은행에서 거액의 자금을 빌린 〈JAL〉이 앞으로 부채를 상환할 수 있을까?

〈JAL〉은 신문 등에서도 보도했듯이 실질적으로 '채무 초과' 상태가 되었다. '채무 초과'는 대차대조표상의 자산보다 부채가 더 많은 상황이므로, 자산 매각만으로는 부채를 상환할 수 없다는 말이다. 부채가 더 많기 때문이다. 다만 일반적으로 자산을 매각해 채무를 상환하는 일은 없다. 보통은 '이자'부터 상환한다. 그러나 〈JAL〉은 부채를 과도하게 안고 있기 때문에 부채 상환이 어렵다는 것은 틀림없다.

그렇다면 〈JAL〉의 수익성을 생각해 보자. 11월 13일에 발표된 2009년 9월기의 중간결산에서는 1,312억 엔의 적자가 발생했다. 그렇다면 장기적으로 〈JAL〉은 수익성을 높일 수 있을까? 지금은 세계적으로 경기가 침체에 빠져 있으며, 다시 바닥 밑으로 가라앉을 가능성이 있는 상황이다. 그리고 지금까지 고수익을 안겨주었던 비즈니스석 승객이 크게 감소했다. 게다가 신종 인플루엔자 등도 유행하고 있으며, 2010년에는 하네다 공항에 제4활주로가 만들어지고 나리타 공항의 활주로가 연장됨에 따라 항공 회사의 경쟁이 더욱 치열해질 것이다. 이런 상황에서 실질적으로 채무 초과 상태에 있는 기업이 순조롭게 부채를 상환할 가능성은 거의 없다는 것이 내 판단이다.

연금보다 자금 조달이 문제

그러나 〈JAL〉이 일본에 필요한 회사라면 어떻게 해야 좋을까? 부채를 삭감하는 수밖에 없다. 부채 중에서 큰 문제가 되고 있는 것은 두 가지다. 하나는 은행에서 빌린 유이자 부채와 회사채이며, 다른 하나는 연금이다.

연금의 적립 부족도 큰 문제이지만, 이것은 당장 필요한 자금이 아니다. 당장 필요한 것은 은행 등의 차입금을 상환할 자금과 급여 등의 운전 자금이다. 도표 4-10을 보기 바란다. 이것은 〈JAL〉의 당 제1사분기 연결회계 기간말(2009년 6월 30일) 자료에서 부채 변을 발췌한 것이다. 영업 미지급금이 1,734억 9,400만 엔이며, 단기차입금이 163억 3,100만 엔, 1년 내 상환 예정인 회사채가 370억 엔, 1년 내 상환 예정인 장기차입금이 1,469억 7,900만 엔이다. 즉 단기간에 상환해야 하는 부채가 모두 합쳐 약 3,700억 엔인 것이다. 그 외의 것도 포함하면 6,000억 엔이 넘는다. 단기적으로는 연금보다 단기 상환 부채가 더 급한 문제다. 그러나 상환의 전망이 보이지 않는다. 3,700억 엔이나 되는 돈을 상환해야 함에도 이자를 내지 못하고 있기 때문에 은행이 추가로 돈을 빌려 주지 않겠다고 하면 파산할 수밖에 없는 것이다. 게다가 도표의 아래쪽에 있는 상환 기간이 1년이 넘는 고정부채를 살펴보면 회사채가 502억 2,900만 엔, 장기차입금이 5,829억 1,700만 엔인데, 이 부채의 상환 기한도 점점 다가올 것이다. 그리고 이와 함께 연금의 실질적인 부채가 수천억 엔에 이른다는 말이 있지만, 단기적으로는 연금보다 유이자 부채의 상환이 훨씬 급한 상황이다.

현재의 수익력 측면에서 보면 이 상황을 잘 수습해 나가기는 어려울 것이다. 이를 위해 민사재생 절차나 회사재생 절차라는 법률 제도

도표 4-10 〈JAL〉의 당 제1사분기 연결회계 기간말(2009년 6월 30일 현재)

부채 변(단위 : 백만 엔)	
유동부채	
영업 미지급금	173,494
단기차입금	16,331
1년 내 상환 예정인 회사채	37,000
1년 내 상환 예정인 장기차입금	146,979
미지급 법인세 등	1,349
충당금	1,920
기타	259,689
유동부채 합계	636,763
고정부채	
회사채	50,229
장기차입금	582,917
퇴직급여충당금	95,454
독점금지법 관련 충당금	5,306
기타	147,279
고정부채 합계	881,186
부채 합계	1,517,949

출처 : 〈JAL〉의 유가증권 보고서(2009년)에서 발췌

가 있는데, 왜 그것을 사용하지 않는지 의문스럽다. 이상하다고 생각하지 않는가? 이렇게 심각한 부채를 대부분 삭감할 수 있으니 〈JAL〉의 재생에는 최적의 수단일 것이다.

그런데 정부는 오히려 융자를 공적 보증한다고 말했다. 공적 보증을 하면 어떤 이점이 있을까? 은행의 대손 리스크가 사라진다. 여기에서 자기자본비율 규제 문제가 나온다. 앞에서도 언급했지만, 은행이 국제적으로 업무를 할 경우에는 자기자본비율이 8퍼센트 이상이어야 한다는 규제가 있다(그것을 12퍼센트로 높이자는 움직임이 있음은 이미 설명했다). 그러나 은행의 자기자본비율을 계산할 때 조금 주의해야 할 점이 있다. 은행의 자기자본비율 규제라는 것은 기본적으로 앞에서 다룬 '자산'과 '부채', '순자산'의 개념과 마찬가지다. 그러나 은행이 자기자본비율을 계산할 때는 여기에 수정을 가한다. 이것은 은행의 리스크를 계산하는 것이기 때문에 자산 중에서 매우 안전성이 높은 것은 '자산'으로 계상하지 않아도 된다는 규정이 있다. 즉 자기자본비율의 식에서 '분모'에 넣지 않아도 된다는 말로, 자기자본비율이 높아지는 것이다. 〈JAL〉의 부채를 정부가 공적 보증하면 리스크는 국채와 똑같아지므로 은행은 그것을 '자산'으로 계상하지 않아도 된다. 은행으로서는 대손 리스크가 사라질 뿐만 아니라 자기자본비율을 계산할 때 분모인 자산이 제로가 되는 엄청난 이점이 있는 것이다.

자기자본비율 규제의 강화는 서브프라임 위기에 대한 반성에서 탄생한 움직임이다. 즉 자본의 질을 높이려고 하는 것이다. 구체적으로는 약 8퍼센트인 자기자본비율을 12퍼센트로 높이고 '기본 자기자본'(보완적인 자본이 아니라 기본적인 자본)의 질을 높이려 하고 있다. 참고로 일본의 은행은 '기본 자기자본'이 약하다. 그렇기 때문에 자기자본비율을 높이는 동시에 '기본 자기자본'의 질을 높이도록 규제가 강화되면 규정된 비율을 만족시키지 못하는 것이다. 따라서 〈JAL〉의 법적 정리가 진행되어 1,000억 엔 규모의 손실이 발생하면 재무력이 약한 은행으로서는 큰 문제가 된다. 〈JAL〉에 자금을 빌려 준 은행이 1,000억 엔이라는 손실을 입으면 그만큼 또 자본을 증강해야 하기 때문이다. 그런데 정부가 공적으로 이 돈에 대해 채무 보증을 서준다면 은행의 자본 규제상 은행에 아주 유리하게 작용하는 것이다.

〈JAL〉의 공적지원에 대해 나는 이 문제와 큰 관계가 있지 않을까 생각한다. 앞으로 〈JAL〉이 사적 정리를 할 가능성도 있는데, 그때 은행이 어느 정도 부담을 할지 주의 깊게 볼 필요가 있다. 물론 일본의 은행이 만신창이가 되어 다시 금융위기가 발생해서는 안 되겠지만, 은행 측에도 〈JAL〉에 자금을 빌려 준 책임이 있다. 이자도 받고 있다. 또 주주의 책임을 묻지 않는 것도 이상하다. 좀더 말하자면, 〈JAL〉의 문제는 〈일본정책투자은행〉의 심사능력의 문제와도 관계가 있으므로 여기에도 책임이 있다. 그런데 현재는 이런 것들이 전부 구렁이 담 넘어가듯 무마되고 있다.

〈JAL〉이 다시 일어서면 문제가 안 될 수도 있지만, 심각한 경제환경 속에서 문제가 뒤로 미뤄지기만 할 가능성도 있다. 그러면 국민의 부담은 더욱 커질 뿐만 아니라 〈JAL〉이 어느 시점에 이르면 파산할 가능성도 있다. 그러므로 지금 일단 민사재생 절차나 회사재생 절차 등의 법적 정리를 하는 편이 깔끔하지 않을까? 그런데도 법적 정리를 하지 않는다면 뭔가 다른 내막이 있다고 생각하는 편이 옳을 것이다.

누가 손해를 보고 누가 이득을 볼 것인가. 표면적으로는 〈JAL〉의 사원이나 퇴직자가 이익을 보게 되지만, 사실은 그렇지 않다. 신문기사를 깊이 읽어보면 표면에는 드러나지 않는 것이 보일 것이다.

3부에서는 이 문제와 관련해 은행의 재무제표를 분석할 것이다.

다양한 업계의 사례 연구를 들어 업계별 특성을 소개하고, 재무제표에서 엿보이는 각 기업의 전략을 분석한다.

3부

재무제표를 통해 기업 전략을 분석한다

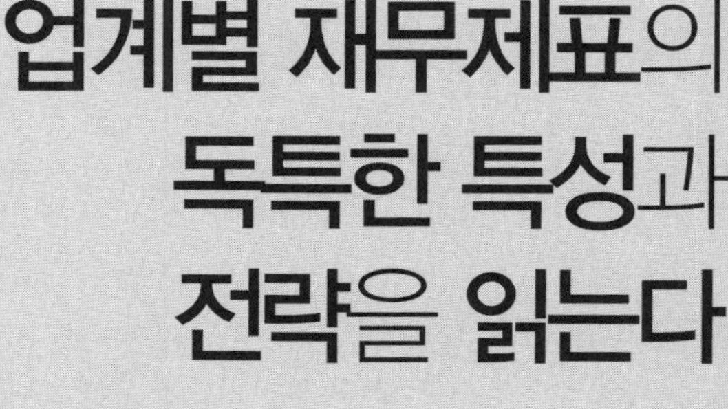

업계별 재무제표의 독특한 특성과 전략을 읽는다

여섯 가지 업계의 재무제표를 분석하여 각 업계의 특성을 살펴본다. 한편 재무제표를 통해 기업의 안정성 등을 확인하는데, 이 장에서는 예외적인 업계의 특성도 알아본다

3부에서는 다양한 업계의 재무제표를 분석함으로써 그 업계의 재무제표의 독특한 '특성'을 살펴보도록 하자. 재무제표의 분석이 어려우면서도 그만큼 재미있는 이유는 기본적인 숫자(예를 들어 '유동비율'은 일반적으로 120퍼센트가 안전성의 기준) 같은 것이 기업의 80퍼센트 정도에는 그대로 적용되지만 그 외의 기업에는 적용되지 않을 경우가 있기 때문이다.

재무제표를 분석할 때 중요한 점은 먼저 대차대조표와 손익계산서, 현금흐름계산서의 기본적인 틀을 이해한 다음 자기자본비율이나 유동비율 등의 정의와 그것이 무엇을 의미하는지를 아는 것, 그리고 기본값 등을 아는 것인데, 여기에서는 상급편으로서 예외적인 업계의 특성과 함께 알아보자.

사례 연구 1 – 전철업

실적이 안정적이며 자금 조달이 쉬운 전철업

전철업에 대해 살펴볼 것은 두 가지 관점이다. 하나는 자금 조달이 매우 쉬운 업종이라는 점, 또 한 가지는 실적이 안정적이라는 점이다. 분석에 사용할 재무제표는 〈도쿄 급행 전철〉(이하 도큐 전철)과 〈게이오 전철〉의 단일(개별) 대차대조표와 손익계산서다.

먼저 자금 조달부터 살펴보자. 단기적인 기업의 안정성을 보는 대표적인 지표가 1부에서 공부한 '유동비율'이다. 식은 '유동자산÷유동부채'였다. 일반적으로는 120퍼센트 정도면 당장의 안전성에는 문제가 없다고 평가한다. 그러나 〈도큐 전철〉과 〈게이오 전철〉의 유동비율을 보면 두 회사 모두 35퍼센트 정도밖에 되지 않는다. 일반적인 회사라면 자금 조달에 문제가 있는 수준의 유동비율인데 왜 전철 회사는 문제가 없는 것일까?

그 이유는 '일수입'에 있다. 여러분도 잘 알겠지만, 전철업의 경우는 승객 대부분이 승차권을 사서 이용하기 때문에 매일 현금이 들어온다. 또 최근에는 충전식 승차 카드도 나와 있다. 정기권은 이전부터 선불이었지만, 충전식 승차 카드도 돈이 먼저 들어온다.

일반적인 사업자는 물건을 팔아도 대금을 바로 받지 못하고 외상판매대금이 될 때가 많지만 전철업의 경우는 현금 수입이나 선불의 비율이 높으며, 이것이 매일 자금 조달을 매우 편하게 해준다. 반대로 외상판매대금의 비율이 높아지면 그만큼 자금이 들어오지 않기 때문에 자금 조달이 어려워진다. 그래서 차입금 등으로 현·예금의 비율을 높여야 하는 것이다.

〈도큐 전철〉의 경우, 통상적인 대기업이라면 1개월 정도는 필요한 월간 총매출액에 대한 현·예금의 비율이 불과 0.1개월분 정도밖에 되지 않는다. 그래도 자금 조달이 되는 것이다. 〈게이오 전철〉은 자금 조달에 상당한 여유가 있다고 할 수 있다.

또 전철 회사는 관련 사업의 부동산 재고 등은 있어도 본업은 재고가 거의 없기 때문에 그만큼 유동자산이 압축되어 유동비율이 작아진다는 측면도 있다.

고정 자산이 차지하는 비율은 높고 자산 회전율은 낮은 대차대조표

전철회사의 대차대조표에서 특징적인 점은 또 있다. 전 자산에서 고정자산이 차지하는 비율이 매우 높다는 점이다. 〈도큐 전철〉와 〈게이오 전철〉 모두 90퍼센트 정도다. 이것은 전철업과 같은 설비투자가 많이 필요한 업종에서 나타나는 특징적인 경향으로, 자산 대부분이 철도 관련 또는 임대용 부동산 자산이다.

이와 관련해, 전철업의 경우는 '자산회전율(매출액÷자산)'이 매우 낮다고 할 수 있다. 두 회사 모두 0.2배 정도인데, 일반 제조업의 기준은 1배 전후다. 그만큼 전철업은 타 업종에 비해 많은 자산을 사용해 매출과 이익을 올리고 있다는 말인데, 거꾸로 말하면 방대한 자산을

도표 5-1 전철 사업의 일수입과 부동산 사업이 안정 수익을 낳는다

(단위 : 백만 엔)

대차대조표	〈도큐 전철〉(단일) 2008년 3월기	(비율)	2009년 3월기	(비율)	〈게이오 전〉(단일) 2008년 3월기	(비율)	2008년 3월기	(비율)
현·예금	2,006		2,195		38,830		36,276	
유동자산	128,996	9.2%	134,271	9.2%	59,865	10.6%	57,677	9.6%
고정자산	**1,275,823**	**90.8%**	**1,345,521**	**90.9%**	**503,404**	**89.4%**	**546,022**	**90.4%**
자산 합계	1,404,819		1,479,793		563,269		603,699	
유동부채	357,315	25.4%	376,903	25.5%	170,888	30.3%	172,432	28.6%
고정부채	712,501	50.7%	736,445	49.8%	211,757	37.6%	260,007	43.1%
순자산	314,269	22.4%	345,061	23.3%	180,623	32.1%	171,258	28.4%
유동비율								
현·예금÷월간 총매	36.1%		**35.6%**		**35.0%**		**33.4%**	
출액	0.09		0.10		3.90		3.63	
자기자본비율	22.4%		23.3%		32.1%		28.4%	
자산회전율	**0.18**		**0.18**		**0.21**		**0.20**	

일반적으로는 120퍼센트 전후

보통은 1개월 정도

일반적인 제조업은 1배 전후

고정자산 비율이 높다

손익계산서	〈도큐 전철〉 2008년 3월기	2009년 3월기	전년 대비	〈게이오 전철〉 2008년 3월기	2008년 3월기	전년 대비
철도 사업 영업수익	145,938	147,808	101.3%	83,797	83,574	99.7%
부대사업 영업수익	110,229	114,423	103.8%	35,665	36,367	102.0%
전 사업 영업수익(합계)	**256,167**	**262,231**	**102.4%**	**119,462**	**119,941**	**100.4%**
철도 사업 영업이익	32,207	24,767	76.9%	16,864	11,269	66.8%
부대사업 영업이익	**26,835**	**28,269**	**105.3%**	**13,608**	**13,652**	**100.3%**
전사업 영업이익(합계)	**59,043**	**53,036**	**89.8%**	**30,472**	**24,948**	**81.9%**
철도 사업 영업이익률	22.1%	16.8%		20.1%	13.5%	
부대사업 영업이익률	**24.3%**	**24.7%**		**38.2%**	**37.5%**	
전 사업 영업이익률	23.0%	20.2%		25.5%	20.8%	

영업수익은 안정 추이

부대사업의 이익이 철도 사업의 이익을 웃돈다

주 : 〈도큐 전철〉의 부대사업은 '부동산 사업'. 〈도큐 전철〉의 유동부채와 고정부채, 순자산 합계가 100퍼센트가 되지 않는 이유는 준비금의 일부를 부채로 취급했기 때문

출처 : 각 회사의 결산서를 바탕으로 작성

보유하고 있어 안전성이 매우 높다고 할 수 있다. 또한 이러한 고정자산을 마련하려면 많은 자금이 들어가는데, 이러한 자금을 장기차입금이나 회사채 등의 고정부채와 순자산으로 충당하고, 고정부채는 매년 얻는 수익으로 상환할 수 있도록 잘 조정하면 된다. 매일 현금이 들어오는 업종이기 때문에 정상적으로 운영할 경우 단기적인 자금 조달에 어려움을 겪을 일은 거의 없다고 할 수 있다. 이런 경향은 전력 회사도 마찬가지다.

다만 장기적으로 자금을 상환해야 하기 때문에 이와 같은 운영이 가능하려면 기본적으로 실적이 안정적이라는 대전제가 필요하다. 고정부채의 비율이 비교적 높은 탓에 안정적인 수익을 올려 그 수익을 가지고 장기적으로 부채를 상환해 나가야 하기 때문이다.

Point

재무제표를 읽을 때의 포인트

전철회사 등은 자산회전율이 상당히 낮은 업종이라고 할 수 있다. 일반적으로는 자산회전율이 높으면 자산의 효과적인 활용도가 높다고 평가받는다. 적은 자산으로 많은 매출액을 벌어들이는 것이므로 효율성의 관점에서는 그렇게 보는 것이 맞다. 그러나 자산회전율이 비교적 높은 업종에는 주의가 필요하다. 내가 하는 비즈니스 같은 컨설팅 회사가 그런 예 중 하나다. 일부 소프트웨어 회사도 마찬가지다. 자산을 가지고 있지 않기 때문이다. 이렇게 자산을 그다지 보유하고 있지 않은 회사는 매달 경비가 많이 들어간다. 특별히 자산을 활용해 매출액을 벌어들이지 않는 만큼 인건비가 많이 들어가는 것이다.

자산회전율이 높은 회사는 자산 규모가 작기 때문에 실적이 좋은 시기가 계속되면 유동비율이나 자기자본비율이 비교적 높아진다. 그러나 실적이 악화되면 매달 인건비 같은 경비가 무거운 부담으로 다가와 순식간에 도산 또는 폐업하는 일도 있을 수 있다. 자산을 가지고 있지 않기 때문에 매각해서 현금화할 것도 없는 것이다. 반대로 자산회전율이 낮은 회사는 '자산'이라는 비상금을 가지고 있다고도 할 수 있다.

효율성과 안전성은 때때로 상반된다는 점도 기억해 두기 바란다.

수익도 안정적이다

수익의 안정성이라는 관점에서 전철업을 살펴보자. 도표 5-1에 나와 있는 〈도큐 전철〉과 〈게이오 전철〉의 전철 사업과 부대사업, 그리고 그 합계인 전 사업의 수익(매출액)의 전년 대비 비율을 보기 바란다. 100퍼센트 전후로 최근 2년 동안 커다란 변화가 없다. 해외 의존도가 큰 제조업 등의 매출액이 세계 동시 불황으로 크게 변동한 것과 비교하면 전혀 변동이 없다고 해도 무방할 정도다.

제조업 등과 비교하면 부럽기 이를 데 없는 상황이지만, 역으로 생각하면 급격한 성장도 그다지 기대할 수 없다는 뜻이 된다. 또 앞에서 설명했듯이 초장기 차입을 시행하고 있기 때문에 장기간에 걸친 안정된 수익이 필요하다.

한편 이익은 매출액보다는 변동이 큰 편이지만 그래도 비교적 안정된 이익을 올리고 있다고 할 수 있다. 특히 주목해야 할 부분은 부동산 임대 등의 부대사업으로, 이 사업에서 안정적인 수익을 올리고 있다. 전철업은 전기요금 등 비교적 가격 변동이 잦은 원가가 지출되기 때문에 이익에 변동이 생기는데, 이것을 메우기 위해 부대사업을 시행하고 있는 것으로 생각된다. 또 부대사업의 이익이 전철 사업과 동등하거나 그 이상이라는 점도 주목할 만하다. 부대사업이 사업의 안정성을 높이는, 어떤 의미에서는 '안전밸브' 역할을 하고 있다고도 할 수 있다.

다만 전철회사의 경우는 그룹 전체로 본 연결결산에 백화점 등의 유통업이나 그 밖의 비즈니스가 포함되기 때문에 전철업만의 특색이 단일결산에 비해 잘 나타나지 않을 때가 있다. 2000년 3월기부터 연결결산제도가 바뀌어 그룹 전체의 연결결산이 주된 결산이 되고 단일(개별)결산이 부수적인 결산이 되었다. 따라서 전철업처럼 그룹 기업이 많고, 업종이 다른 기업이 그룹에 포함되어 있을 경우에는 단일결산도 분석해 볼 필요가 있다.

본업 이외에 수익력이 낮은 전철회사

전철회사의 부대사업을 포함한 연결재무제표의 상황을 자세히 살펴보도록 하자. 전철회사는 공공성이 높은 비즈니스인데, 연결로 볼 때와 단일로 볼 때 그 재무 상황이 크게 다른 회사가 적지 않다. 모회사에 포함되어 있는 사업 내용과 자회사로서 연결 대상인 사업이 크게 다른 경우도 적지 않기 때문이다. 일본의 재무제표도 그룹 전체의 연결재무제표가 주가 되고 모회사의 단일재무제표는 보충 개념으로 개시하도록 되었다. 그러나 연결과 단일 양쪽을 모두 보면 그룹 전체에 대한 좀더 상세한 내용을 알 수 있을 때도 있다.

이번에는 〈도큐 전철〉과 〈긴키 일본 철도〉(이하 긴테쓰), 〈서일본 철도〉(이하 니시테쓰)를 분석해 보자. 여기에서 사례로 든 세 회사는 모회사가 철도업을 중심으로 전개하고 있는데, 철도업과 부동산업은 비교적 안정적이지만 유통이나 호텔 사업에서 고전하고 있는 모습을 엿볼 수 있다. 도표 5-2를 보기 바란다. 먼저 〈도큐 전철〉은 모회사만 단독으로 보면 2010년 3월기 결산의 매출액(영업수익)이 2,827억 엔이다. 모회사는 철도 사업 외에 부대사업으로 부동산 판매와 임대를 하는 부동산 사업을 하고 있다. 철도 사업과 부대사업의 매출액 비율은 조금밖에 차이가 없지만 이익은 부대사업이 조금 더 많은 상황이다. 그러나 〈도큐 전철〉의 매출액을 연결로 보면 1조 2,301억 엔으로, 연결 전체에서 모회사의 매출이 차지하는 비중이 23퍼센트밖에 되지 않는다. 한편 모회사의 영업이익이 연결 전체에서 차지하는 비율은 87퍼센트나 된다. 즉 〈도큐 전철〉은 이익의 대부분을 모회사가 벌어들이는 셈이다.

〈도큐 전철〉의 세그먼트 정보를 보면, 연결에 포함되어 있는 사업에는 모회사가 시행하고 있는 철도(교통)와 부동산 외에 백화점 등의 리테일과 레저 서비스, 호텔, 기타 등이 있다. 교통과 부동산의 경우 모회사의 사업과 자회사의 사업이 있다. 연결 매출액의 45퍼센트를 차지하는 사업은 백화점을 중심으로 하는 리테일 사업이다. 그러나 리테일 사업의 이익은 전체의 7퍼센트 정도에 불과하다. 교통과 부동산 사업이 전체의 90퍼센트에 가까운 이익을 계상하고 있다. 백화점 사업은 위탁판매도 많지만 재고도 적지 않은 것으로 생각된다. 또 외상판매채권도 철도 사업보다 많을 것이다. 실제로 연결과 모회사 단일의 대차대조표를 비교해 보면 단일에는 없고 연결에만 표기되어 있는 '상품·제품'이 188억 엔, '받을 어음과 외상판매대금'이 1,216억 엔이다. 물론 이것이 모두 백화점 등 리테일 사업의 것은 아니겠지만, 모회사에는 거의 없는 것으로 생각된다. 이것은 모두 자금 부담으로 작용하며, 그만큼 자금 조달에 영향을 주게 된다. 백화점 같은 소매업은 재고를 안거나 외상판매대금이 항상 발생하는 등 철도업과는 자금 조달 구조가 크게 다르다. 하물며 그 부문의 수익력이 낮을 경우에는 자금 부담 등이 더욱 커진다.

〈긴테쓰〉에서도 같은 경향을 읽을 수 있다. 모회사 이외의 매출이 연결 매출액의 대부분을 차지하지만 영업이익의 80퍼센트를 모회사가 벌어들이고 있다. 세그먼트별 매출액을 보면 유통이 42퍼센트, 레저 서비스가 24퍼센트, 주로 모회사에 속한 운송업이 21퍼센트, 부동산이 10퍼센트로 되어 있다. 그러나 이익 측면에서는 운송업과 부동산업이 100퍼센트 이상을 벌어들이고 레저 서비스와 유통은 적자인

도표 5-2 **모회사(교통·운수) 이외의 사업 수익력에 차이가 있다**

〈도쿄 급행 전철〉

	단일	연결	개별/연결
매출액	**2,827**	**12,301**	**23%**
영업비 합계	2,367	11,773	20%
영업이익	**460**	**527**	**87%**
경상이익	364	461	79%
순이익	56	148	38%

자기자본비율	19.7%
유동비율	51.0%

〈긴키 일본 철도〉

	단일	연결	개별/연결
매출액	**2,690**	**9,607**	**28%**
영업비 합계	2,368	9,249	26%
영업이익	**322**	**357**	**90%**
경상이익	162	173	93%
순이익	113	36	309%

자기자본비율	9.2%
유동비율	51.7%

타사에 비해
자기자본비율이 낮다

〈서일본 철도〉

	단일	연결	개별/연결
매출액	**1,280**	**3,138**	**41%**
영업비 합계	1,225	3,049	40%
영업이익	**54**	**89**	**61%**
경상이익	52	68	77%
순이익	46	28	163%

자기자본비율	26.0%
유동비율	82.1%

출처 : 각 회사의 2010년 3월기 결산을 바탕으로 작성. 영업이익의 합계와 연결의 숫자가 맞지 않는 이유는 내부 소거가 있기 때문

이익은 불과 전체의 7퍼센트

두 사업이 약 90퍼센트를 벌어들인다

(단위 : 억 엔)

세그먼트	매출액	비율	영업이익	비율
교통	**1.939**	**16%**	**232**	**44%**
부동산	**1,390**	**11%**	**228**	**43%**
리테일	**5,554**	**45%**	**38**	**7%**
레저 서비스	1,368	11%	14	3%
호텔	863	7%	▲14	▲3%
기타	1,184	10%	26	5%
합계	12,301	100%	525	100%

세그먼트	매출액	비율	영업이익	비율
운송업	**2,076**	**21%**	**287**	**81%**
레저 서비스	2,354	24%	▲8	▲2%
유통	**4,026**	**42%**	**▲10**	**▲3%**
부동산	963	10%	73	21%
기타	185	2%	13	4%
합계	9,607	100%	355	100%

80퍼센트 이상의 이익을 벌어들인다

매출 규모는 크지만 영업 적자

세그먼트	매출액	비율	영업이익	비율
운송업	**876**	**28%**	**11**	**14%**
유통업	797	25%	12	15%
부동산업	**449**	**14%**	**81**	**99%**
레저 서비스	795	25%	▲10	▲12%
기타	219	7%	▲13	▲16%
합계	3,138	100%	82	100%

90퍼센트 이상의 이익을 벌어들인다

상황이다. 〈긴테쓰〉는 레저 서비스 사업에서 전년도 하반기부터 여행업의 클럽 투어리즘을 연결 대상으로 삼았으며, 사업 전체의 매출액이 전년 동기 대비 29.6퍼센트 증가하고 영업이익도 개선되었지만, 호텔 부문 등이 부진해서 적자가 발생했다. 또 유통 사업은 주요 부문인 백화점 사업에서 주력인 아베노점의 재건축 공사 등으로 전년도에 비해 매출액이 14퍼센트 감소하며 적자를 계상한 상황이다.

〈니시테쓰〉의 경우는 가장 커다란 이익을 올리고 있는 사업이 부동산업이다. 중핵 사업인 운송업의 약 7배에 이르는 영업이익을 계상했다. 그런 점에서 〈도큐 전철〉이나 〈긴테쓰〉와는 수익 구조가 다르다. 〈니시네쓰〉는 운송업에서 버스 사업이 차지하는 비율이 높아서 철도의 두 배 이상의 매출을 올리고 있는데, 전기에는 버스 사업의 매출이 하락했다. 부동산업에서는 부동산 분양이 비교적 효조를 보이며 매출액과 이익 모두 증가했다. 한편 레저 서비스 사업은 국제 물류와 호텔업 모두 경기후퇴의 영향을 크게 받아 적자 상태에 빠졌다.

마지막으로 안전성을 자기자본비율의 측면에서 확인해 보자. 일반적으로 철도 사업과 같이 매일 현금이 들어오는 등 자금 조달이 비교적 수월한 회사는 자기자본비율이 비교적 낮아도 안전성에 문제가 없을 경우가 적지 않다. 전철회사의 경우 20퍼센트를 밑돌아도 문제가 없다. 그런 관점에서 보면 〈니시테쓰〉는 재무적 안전성이 뛰어나다고 할 수 있다. 한편 〈긴테쓰〉는 당장의 안전성에는 문제가 없지만 중·장기적인 안정성을 유지하기 위해서는 좀더 자기자본비율을 높이는 것이 좋다고 생각한다.

사례 연구 2 – 드럭스토어, 조제업계

두 업계의 특징은 매입채무로 인한 자금 조달

드럭스토어 업계와 조제약국 업계의 재무제표를 분석함으로써 두 업계의 재무상 공통점과 차이점을 알아보자. 드럭스토어에서는 〈마쓰모토키요시 홀딩스〉(이하 마쓰모토키요시)와 〈스기 홀딩스〉(이하 스기), 조제업계에서는 〈아인 파마시즈〉(이하 아인)과 〈일본 조제〉를 분석 대상으로 삼았다. 물론 〈마쓰모토키요시〉와 〈스기〉는 조제 부문의 매출이, 그리고 〈아인〉과 〈일본 조제〉는 조제 이외의 매출이 존재한다. 그러나 전자는 드럭스토어 매출이 크고, 후자는 조제 매출이 큰 비중을 차지한다.

먼저, 두 업계의 특징은 자금 조달 방법이다. 각 회사의 대차대조표를 발췌한 도표 5-3을 보기 바란다. '받을 어음과 외상판매대금(이하 외상판매채권)'보다 '지급 어음과 외상매입대금(이하 매입채무)'의 숫자가 크다는 데 주목하자. 일반적으로는 외상판매채권이 매입채무보다 큰 회사가 많은데, 그럴 경우에는 물건을 팔았지만 받지 못한 자금이 구매대금보다 많기 때문에 그 차액만큼 자금을 조달할 필요가 있다. 단기차입금 등으로 충당하는 것이다. 그러나 드럭스토어나 조제업계는 매입채무

도표 5-3 드럭스토어와 조제업계의 결산서 비교

(단위 : 백만 엔)

대차대조표	드럭스토어				조제업계			
	마쓰모토키요시HD	(비율)	스기HD	(비율)	아인파마시즈	(비율)	일본조제	(비율)
현금과 예금	11,344	5.8%	19,357	16.6%	9,235	14.9%	5,707	10.0%
받을 어음과 외상판매대금 (외상판매채권)	10,259	5.2%	3,692	3.2%	8,560	13.8%	9,447	16.6%
재고자산	46,956	24.0%	32,214	27.7%	5,929	9.6%	5,151	9.0%
유동자산 합계	80,434	41.4%	69,484	59.7%	28,171	45.4%	22,098	38.7%
자산 합계	**195,884**	100.0%	116,367	100.0%	62,032	100.0%	57,078	100.0%
지급어음과 외상매입대금 (매입채무)	52,833	27.0%	29,603	25.4%	18,713	30.2%	14,650	25.7%
단기차입금	5,141	2.6%	**0**	**0.0%**	7,716	**12.4%**	4,969	8.7%
유동부채 합계	74,479	38.0%	42,275	36.3%	33,402	**53.8%**	22,797	39.9%
고정부채 합계	24,643	12.6%	3,769	3.2%	12,521	20.2%	23,555	**41.3%**
순자산	96,761	49.4%	70,323	**60.4%**	16,109	26.0%	10,726	18.8%
현·예금÷월간 총매출액(배)	0.35		0.85		0.96		0.80	
유동비율	108.0%		**164.4%**		84.3%		96.9%	
자기자본비율	49.4%		**60.4%**		26.0%		18.8%	
매입채무÷월간 매출원가(배)	2.22		1.77		2.24		**2.44**	
외상판매채권÷월간 총매출액(배)	0.31		0.16		0.89		**1.32**	
매입채무÷외상판매채권(배)	5.15		8.02		2.19		1.55	

외상판매채권보다 매입채무가 많다

무차입

유동비율이 높아 재무 안전성이 우수하다

손익계산서	마쓰모토키요시HD	(비율)	스기HD	(비율)	아인파마시즈	(비율)	일본조제	(비율)
매출액	392,268	100.0%	272,197	100.0%	115,387	100.0%	85,892	100.0%
매출원가	285,543	72.8%	200,956	73.8%	100,141	86.8%	72,190	84.0%
매출총이익	106,724	**27.2%**	71,241	26.2%	15,245	13.2%	13,702	16.0%
판매비와 일반관리비	90,400	**23.0%**	59,396	21.8%	9,949	**8.6%**	11,484	13.4%
영업이익	16,324	4.2%	11,845	4.4%	5,296	**4.6%**	2,218	2.6%
당기순이익	7,728	2.0%	5,374	2.0%	2,128	1.8%	421	0.5%

출처 : 각 회사의 최근 결산기 결산서를 바탕으로 작성

매출총이익률은 높지만 판관비율도 높다

판관비율도 낮다

를 늘림으로써 외상판매채권과의 차액분을 자금으로 조달하고 있다. 특히 드럭스토어의 경우는 그 차액이 큼을 알 수 있다. 드럭스토어 업계는 점포 판매가 대부분인 '현금 장사'이기 때문이다. 한편 조제업계도 외상판매채권보다 매입채무가 더 많지만 그 차액은 드럭스토어에 비해 적다. 도표에서 외상판매채권을 매입채무로 나눈 비율을 보면 외상판매채권에 비해 매입채무가 많은 드럭스토어 업계는 그 비율이 높음을 알 수 있다. 〈마쓰모토키요시〉는 약 5배, 〈스기〉는 8배나 된다. 한편 두 조제회사의 비율은 2배 전후다.

좀더 자세히 들여다보면, '개인 채무÷월간 매출원가'는 두 업계가 그다지 차이가 나지 않지만 '외상판매채권÷월간 총매출액'은 큰 차이가 있음을 알 수 있다. 이것은 앞에서도 말했듯이 드럭스토어 업계가 현금 장사인 데 비해 조제업계는 현금 수입이 30퍼센트이고 나머지는 국가보험 등에 대한 외상판매채권이기 때문이다.

두 업계와 같이 매입채무로 자금 조달이 가능해지면 그 자금을 다양하게 이용할 수 있다. 특히 〈마쓰모토키요시〉나 〈스기〉는 매입채무로 100억 엔 단위의 자금을 조달하고 있는데, 그 액수는 재고자산의 금액과 거의 맞먹는다. 보통은 단기차입금 등으로 조달해야 하는 자금을 매입채무라는 '무이자 부채'로 조달할 수 있는 것이다. 그렇기 때문에 〈스기〉는 단기차입금이 제로다. 〈마쓰모토키요시〉의 단기차입금도 그다지 많지 않다. 또 〈마쓰모토키요시〉는 월간 총매출액에 대한 현·예금 잔고가 일반 기업보다 적은데, 이것도 매입채무를 통한 자금 조달이 가능한 것이 큰 이유로 생각된다.

한편 조제업계는 국가보험에 대한 외상판매대금이 있어서 외상판매채권이 늘어나기 때문에 총자산에 대한 단기차입금의 비율이 높다. 이것은 드럭스토어 업계 두 회사의 자기자본비율이 조제업계 두 회사에 비해 높은 원인 중 하나이기도 하다(도표에는 없지만, 〈아인〉의 경우는 '영업권'이 차지하는 비율이 비교적 큰 것도 특징이다. 이것은 M&A로 규모를 확대해 온 것으로 추측할 수 있다).

또한 손익계산서에서도 두 업계의 특색이 드러난다. 먼저 드럭스토어와 조제업계의 각각 두 회사의 매출원가율을 비교하면 그 차이가 뚜렷이 보인다. 드럭스토어 두 회사의 매출원가율은 73퍼센트 전후인데 비해 조제업계 두 회사는 85퍼센트 전후다. 조제업계보다 드럭스토어가 매출총이익률이 높은 것이다.

재무제표를 읽을 때의 포인트

드럭스토어와 조제업계의 대차대조표의 특색은 뭐니 뭐니 해도 매입채무로 자금을 조달하고 있다는 점이다. 매입채무는 '무이자 부채'이기 때문에 이자도 들어가지 않는다. 외상판매대금이나 받을 어음은 현금흐름을 악화시키고 외상매입대금이나 지급어음은 현금흐름을 좋게 하므로 모든 회사가 외상판매채권보다 매입채무의 잔고나 회전 기간을 늘리고 싶어 한다. 그러나 이것은 그렇게 쉬운 일이 아니다. 상대가 있기 때문이다.

그러므로 매입채무로 자금 조달을 할 수 있는 업계는 바꿔 말하면 매입처에 대해 발언권이 강력한 업계라고도 할 수 있다.

사례 연구 3 – 여행업계

유이자 부채가 거의 없는 여행업계

여행청이 발표하는 '여행 취급 상황'을 보면, 비교적 경기가 좋았던 2007년도가 전년 대비 플러스 2.4퍼센트였던 데 비해 2008년도는 마이너스 5.5퍼센트로 떨어졌으며, 2009년에 들어와서는 전년 대비 10퍼센트 이상 마이너스인 달이 대부분이었다. 여행업계 전체에 심각한 상황이 계속되고 있다고 할 수 있다.

그런데 신문 광고 등을 보면 특히 석간에는 전면을 사용한 여행 광고가 매일, 그것도 몇 면에 걸쳐 실리는 등 언뜻 활황인 것처럼 느껴질 때도 있다. 생각해 보면 고령화가 진행되어 여행 수요가 꾸준할 것 같기도 한데, 여행업계의 내용을 분석해 보자(도표 5-4). 분석 대상은 〈긴키일본 투어리스트〉(이하 긴투어)와 〈H.I.S〉(이하 HIS)다. 〈긴투어〉는 12월 결산, 〈HIS〉는 10월이 본결산이다.

2008년부터 2009년에 걸친 두 회사의 실적은 대조적이었다. 도표 5-4를 보면 매출액은 두 회사 모두 10퍼센트가 넘게 감소했지만, 〈긴투어〉는 감익, 〈HIS〉는 증익을 기록했다. 먼저 〈긴투어〉는 2008년에 735억 엔이었던 매출액이 2009년에는 627억 엔으로 14.6퍼센트 감소했다. 그러나 영업비용의 감소율이 13.8퍼센트에 그쳤기 때문에 영업손실이 확대되었다. 주의해서 봐야 할 점은 2008년에도 이미 영업적자였는데, 2009년에는 영업비용을 약 100억 엔 감소시켰음에도 영업손실이 확대되었다는 점이다. 급격한 매출 감소를 비용 절감이 따라가지 못했다고 할 수 있다. 또 당기순손실도 2008년의 37억 엔에서 2009년에는 84억 엔으로 확대되었다. 이것은 수익 수준이 대폭 떨어지는 바람에 과거에 계상했던 이연 법인세 자산을 쓸 수밖에 없었기 때문으로 생각된다.

도표에는 나와 있지 않지만, 〈긴투어〉의 현금흐름계산서를 보면 2009년에는 영업현금흐름이 143억 엔의 마이너스였으며, 그 자금 감소분의 일부를 메우기 위해 투자현금흐름에 속하는 '관계 회사 주식의 매각에 따른 수입'을 약 24억 엔 계상했다.

적자가 계속되었기 때문에 대차대조표에서는 순자산이 2008년의 109억 엔에서 26억 엔으로 급감했으며, 자기자산비율도 2.7퍼센트로 간신히 채무 초과를 면하는 수준까지 악화되었다. 현재 현·예금 등의 단기유동성은 충분히 확보하고 있기 때문에 당장의 자금 조달에는 문제가 없다고 생각되지만, 그래도 상당히 어려운 상황임은 틀림없다.

이 두 회사의 대차대조표를 보면 재무 내용이 양호한 〈HIS〉에 실질

도표 5-4 〈긴키일본 투어리스트〉와 〈H.I.S〉의 손익계산서

〈KNT(긴키일본 투어리스트)〉 (단위 : 백만 엔)

	2008년 12월기	비율	2009년 12월기	비율	증감률
영업수익	73,549	100.0%	62,785	100.0%	▲14.6%
영업비용	**76,736**	**104.3%**	**66,125**	**105.3%**	**▲13.8%**
영업손실	**▲3,186**	–	**▲3,339**	–	–
경상손실	**▲3,157**	–	**▲2,891**	–	–
당기순손실	**▲3,738**	–	**▲8,433**	–	–

특별퇴직금 특손을 계상

대폭적인 감수를 영업비용 삭감이 따라가지 못하다

〈H.I.S〉

	2008년 10월기	비율	2009년 10월기	비율	증감률
매출액	368,384	100.0%	325,086	100.0%	▲11.8%
매출원가	**315,874**	**85.7%**	**269,130**	**82.8%**	**▲14.8%**
매출총이익	52,510	14.3%	55,955	17.2%	6.6%
판매비와 일반관리비	46,607	12.7%	48,817	15.0%	4.7%
영업이익	**5,902**	**1.6%**	**7,137**	**2.2%**	**20.9%**
경상이익	6,204	1.7%	5,582	1.7%	▲10.0%
당기순이익	**2,487**	**0.7%**	**3,371**	**1.0%**	**35.5%**

매출원가를 억제해 증익을 확보

〈H.I.S〉의 제1사분기 비교

	2009년 제1사분기	비율	2010년 제1사분기	비율	증감률
매출액	**83,021**	**100.0%**	**71,624**	**100.0%**	**▲13.7%**
매출원가	69,705	84.0%	59,679	83.3%	▲14.4%
매출총이익	13,316	16.0%	11,944	16.7%	▲10.3%
판매비와 일반관리비	11,545	13.9%	11,389	15.9%	▲1.4%
영업이익	**1,770**	**2.1%**	**555**	**0.8%**	**▲68.6%**
경상이익, 손실	646	0.8%	▲243	▲0.3%	–
사분기 순이익, 손실	**461**	**0.6%**	**▲6**	**0.0%**	–

출처 : 각 회사의 결산서를 바탕으로 작성

유이자 부채가 없는 것은 이해가 될 것이다. 그런데 사실은 〈긴투어〉도 유이자 부채가 거의 없다. 업계의 독특한 관행에 따라 '영업 미지급금'이나 '예수금'으로 자금을 조달하기가 쉽기 때문이다. 〈긴투어〉가 재무 내용이 대폭 악화되었음에도 비교적 단기유동성 등이 풍부한 이유가 여기에 있다. 그러나 지금 같은 수익 상황이 오래 계속되면 장기적으로는 당연히 자금 조달에도 영향을 미칠 것으로 예상된다(도표 5-5).

이번에는 〈HIS〉를 살펴보자. 도표 5-4를 보면 앞에서도 2008년부터 2009년에 걸쳐 매출은 줄어들었지만 증익을 확보했다. 2008년 10월기에 3,683억 엔이었던 매출액은 2009년 10월기에 3,250억 엔으로 11.8퍼센트 감소했다. 그러나 매출원가가 매출액의 감소율보다 큰 14.8퍼센트나 감소했기 때문에 매출총이익은 6.6퍼센트 증가했으며, 판관비는 5.7퍼센트 증가했지만 그래도 영업이익은 20.9퍼센트가 증가한 71억 엔을 확보했다. 당기순이익도 27억 엔의 '외환 차손'을 영업외비용으로 계상했음에도 35.5퍼센트 증가했다. 〈HIS〉는 대차대조표를 개선해, 유동비율(유동자산÷유동부채)은 2008년의 140퍼센트에서 150퍼센트대로 상승하고 자기자본비율도 49.8퍼센트로 크게 좋아졌다. 〈긴투어〉와 마찬가지로 경기후퇴의 영향을 받아 매출은 어쩔 수 없이 감소했지만 원가 조정 등을 통해 증익을 확보한 것이다.

도표 5-5 〈긴키일본 투어리스트〉와 〈H.I.S〉의 대차대조표(발췌)

〈KNT(긴키일본 투어리스트)〉 (단위 : 백만 엔)

	2008년 12월기	2009년 12월기	증감률
유동자산	92,932	74,461	▲19.9%
고정자산	30,316	22,722	▲25.0%
자산 합계	123,248	97,183	▲21.1%
유동부채	101,333	86,752	▲14.4%
고정부채	10,966	7,847	▲28.4%
부채 합계	112,299	94,600	▲15.8%
순자산	**10,949**	**2,583**	**▲76.4%**
부채 순자산 합계	123,248	97,183	▲21.1%
유동비율	**91.7%**	**85.8%**	
자기자본비율	**8.9%**	**2.7%**	

〈H.I.S〉

	2008년 10월기	2009년 10월기	증감률
유동자산	78,911	70,622	▲10.5%
고정자산	24,835	25,977	4.6%
자산 합계	103,746	96,600	▲6.9%
유동부채	56,504	46,297	▲18.1%
고정부채	2,032	2,244	10.4%
부채 합계	58,536	48,511	▲17.1%
순자산	**45,210**	**48,059**	**6.3%**
부채 순자산 합계	103,746	96,600	▲6.9%
유동비율	**139.7%**	**152,5%**	
자기자본비율	**43.6%**	**49.8%**	

출처 : 각 회사의 결산서를 바탕으로 작성

낮은 매출이익률의 개선이 필요하다

2008년부터 2009년에 걸쳐서는, 특히 2008년 9월 리먼쇼크 이후 기업의 실적이 크게 하락해 법인의 출장과 여행 수요가 격감했다. 4장에서 10월 1일에 파산한 〈JAL〉의 실적을 살펴봤는데, 일본 국내와 해외 모두 여행객이 감소하는 가운데 국내의 매출액은 여행객의 감소율과 거의 비슷했지만 해외 매출액 감소율은 여행객 감소율의 세 배나 되었다. 이것은 이익률이 높은 퍼스트클래스와 비즈니스클래스의 감소가 컸음을 말해준다. 〈긴투어〉는 지금까지 이익률이 컸던 비즈니스석 승객의 감소가 그대로 실적의 악화로 이어졌지만, 〈HIS〉는 항공 회사 등의 실적 하락에 따른 '가격 인하'와 일정 수량의 판매에 따른 '리베이트'를 효과적으로 이용한 것이 아닐까 생각된다.

그러나 〈HIS〉도 실적이 반드시 낙관적이지만은 않다. 애초에 영업이익률이 2퍼센트 전후라는 '박리다매' 체질이기 때문에 경영환경이 더욱 악화되면 이익 확보가 어려워진다. 실제로 도표 5-4의 하단에 있는 2009년 제1사분기와 2010년 제1사분기를 비교해 보면 영업이익을 확보하고는 있지만 매출액의 감소가 계속되고 있어 영업이익률은 0.8퍼센트까지 떨어졌으며 경상이익과 순이익의 단계에서는 손실을 냈다. '여행 취급 상황'은 아직 심각한 상황이기 때문에 앞으로도 일정 고객 수를 확보하면서 원가와 판관비 등을 조정하지 않으면 여행업에는 심각한 상황이 계속될 것으로 예상된다.

재무제표를 읽을 때의 포인트

여행업계에도 제조·드럭스토어 업계와 마찬가지로 업계의 관행에 따른 독특한 자금 조달 방법이 있음을 알았을 것이다. 다만 실적이 계속 악화된다면 이러한 방식의 자금 조달이 언제까지 가능할지 알 수 없다. 장기적으로는 실적이 안정적인지를 확인할 필요가 있다.

사례 연구 4 – 은행

은행 특유의 '업무 순익'

3대 메가뱅크 그룹의 2009년 9월 중간기 결산을 바탕으로 은행업계를 분석해 보자. 은행업계 특유의 '업무 순익'이라는 개념과 '자기자본비율 체제'에 대해서도 설명할 것이다.

이 시기는 불량 채권 처리액이 줄어들면서 〈미즈호 파이낸셜 그룹〉(이하 미즈호)을 제외하고 〈미쓰비시 UFJ 그룹〉(이하 미쓰비시 UFJ)과 〈미쓰이 스미토모 파이낸셜 그룹〉(이하 미쓰이 스미토모)은 순이익이 대폭 증가했지만 그래도 주가는 시원치 않았다. 이러한 사정에 대해 은행의 실적을 분석하면서 새로이 도입될 예정인 '자기자본비율 체제(바젤3)'와 관련지어 설명하도록 하겠다.

먼저 실적부터 살펴보자. 은행의 실적을 볼 때 자주 사용되는 것이

'업무 순익'이라는 개념이다. 물론 '순이익'도 분석할 필요가 있다. 구체적으로는 예금과 융자 등의 자금 업무에 투자신탁 판매수수료와 ATM 등의 각종 수수료, 그리고 국채 등 채권 매매익의 합계에서 인건비와 물건비 등의 비용을 뺀 것이다. 일반적으로 은행의 이익을 산출할 때는 보유하고 있는 주식 등의 평가 손익이나 매각 손익, 그리고 불량 채권 처리 등의 비용이 발생하는데, 이러한 것들은 은행의 수익에 일시적으로 큰 영향을 줄 때가 많으며 이익을 더욱 증가시키기도 한다. 이러한 요인을 제외하고 통상 업무에서 얻은 수익을 나타내는 것이 업무 순익이다(정확히는 '일반 대손충당금 이연 전 업무 순이익'이다. 안타깝지만 손익계산서에서는 업무 순익을 알 수 없다).

각 그룹의 업무 순익을 보면, 〈미쓰비시 UFJ〉가 전년 동기 대비 5.2퍼센트 증가한 4,610억 엔, 〈미쓰이 스미토모〉가 0.2퍼센트 감소한 3,776억 엔, 〈미즈호〉가 9.5퍼센트 증가한 3,383억 엔이다. 커다란 증감은 없지만, 경기침체로 설비투자 등의 긍정적인 자금 수요가 감소한 것이 걱정거리다. 그리고 이 업무 순익에 주식 등의 매매 손익과 불량 채권 처리 비용 들을 포함한 순이익을 보면, 〈미쓰비시 UFJ〉가 전년 동기 대비 53.2퍼센트 증가한 1,409억 엔, 〈미쓰이 스미토모〉가 48.3퍼센트 증가한 1,235억 엔, 〈미즈호〉가 7.1퍼센트 감소한 878억 엔이다.

좀더 자세히 내용을 분석해 보면 불량 채권 처리 손실액이 각 그룹 모두 10퍼센트 이상 감소했으며, 특히 〈미쓰이 스미토모〉는 30퍼센트나 감소했다. 불량 채권 처리 손실액은 〈미쓰비시 UFJ〉가 약 2,000억 엔, 〈미쓰이 스미토모〉가 약 1,600억 엔, 〈미즈호〉가 약 1,200억 엔이다. 도표에는 나와 있지 않지만, 주식 등의 감손액을 보면 〈미쓰이 스미토모〉는 약 400억 엔으로 85퍼센트 증가했지만 〈미쓰비시 UFJ〉는 79퍼센트 감소해 300억 엔 정도이며 〈미즈호〉는 93퍼센트 감소해 60억 엔 정도다.

도표 5-6 자본 증강을 서두르는 세 메가뱅크 그룹의 2009년 9월기 결산

	업무 순익(억 엔)	전년 동기 대비(%)	순이익(억 엔)	전년 동기 대비(%)
미쓰비시 UFJ	4,610	5.2	1,409	53.2
미쓰이 스미토모	3,776	▲0.2	1,235	48.3
미즈호	3,383	9.5	878	▲7.1

업무 순익 : 자금 업무나 각종 수수료, 채권 매매익 등의 통상 업무(본업)를 통한 수익

순이익 = (업무 순익) + (주식 등의 매매 손익과 불량 채권 처리 비용)

	불량 채권 처리 손실(억 엔)	전년 동기 대비(%)	자기자본비율(%)	중, 기본 자기자본비율(%)
미쓰비시 UFJ	2,054	▲10.7	13.29	9.13
미쓰이 스미토모	1,569	▲30.0	13.13	9.55
미즈호	1,169	▲10.4	12.92	8.71

자기자본비율 = (보통주나 우선주 등으로 조달한 자본) ÷ (기업에 대한 대출 등의 리스크가 있는 자산)

기본 자본 = (자기자본) − (이연 법인세 자산 등)

출처 : 각 회사의 재무제표를 바탕으로 작성

앞으로 은행 그룹에는 불안 요소도 있다. 그룹이 보유하고 있는 소비자금융회사의 실적 부진과 '상환유예법' 문제, 그리고 반전하고 있다고는 하지만 경기가 바닥을 치고 회복이 제자리걸음을 하고 있다는 점, 디플레이션에 대한 우려에서 다시 한 번 경기가 후퇴할 리스크가 아직 남아 있다는 점이다.

'자기자본비율 체제의 강화'가 과제

이러한 가운데 각 그룹이 골치 아파하는 문제가 있다. 서브프라임 위기의 영향으로 은행의 '자기자본비율 규제'를 강화하려 하는 움직임이다. 구체적으로는 미국과 일본, 유럽 등의 은행감독당국으로 구성된 바젤은행감독위원회가 은행의 자기자본비율 규제를 강화하려는 것이다. 이른바 '바젤3'다.

자기자본비율은 일반적으로 '순자산÷자산'으로 나타내며, 자산을 조달하고 있는 자금 중에서 상환할 필요가 없는 순자산의 비율을 나타낸 것이라고 앞에서 설명한 바 있다. 기업의 중·장기적인 안정성을 나타내는 대표적인 지표다. 은행의 경우도 기본적인 개념은 같지만, 기업에 대한 대출 등의 리스크가 있는 자산을 분모로, 보통주나 우선주 등으로 조달한 자본을 분자로 놓고 계산한다. 이때 자산은 리스크에 따라 '계수'가 결정된다. 국채 등의 안전자산은 계수가 제로(즉 자산에 산입되지 않는다) 등으로 낮으며, 대손 리스크가 높은 대출 등은 높은 계수가 설정된다. 또 자본에는 일반적으로 순자산에 포함되는 자본 항목 외에 후순위채 등도 포함하는 것이 인정되고 있다.

현재 국제적으로 활동하는 은행은 이렇게 계산한 자기자본비율이 8퍼센트 이상이 되도록 요구받고 있다. 또 포함되는 자산 중에서도 보통주나 내부 유보, 우선주 등을 '기본 자기자본'이라고 부르며, 이 기본 자기자본의 비율이 4퍼센트 이상이어야 한다. 현재 세 메가뱅크의 자기자본비율은 13퍼센트 전후다.

그런데 이 자기자본비율 규제가 강화되는 방향으로 재검토되고 있다. 2012년부터 국제적으로 활동하는 은행은 12퍼센트 이상의 자기자본비율이 요구되며, 또 기본 자기자본도 현재보다 질을 높인다는 의미에서 우선주와 이연 법인세 자산 등은 원칙적으로 포함시키지 않는 핵심 기본 자본('Core Tier 1')의 비율을 4퍼센트에서 6퍼센트로 설정하는 방안이 검토되고 있다(이 글을 쓴 시점에는 결정이 되지 않았지만, 2010년 9월에 핵심 기본 자본이 보완적 항목을 포함해 7퍼센트로 결정되었다).

현재 3대 메가뱅크 그룹의 핵심 기본 자본은 3퍼센트에서 6퍼센트 정도로 보이며, 보통주를 통한 증자가 필요할 경우도 있다. 〈미쓰비시 UFJ〉는 일찌감치 1조 엔의 증자를 발표했는데, 다른 두 그룹도 보통주 증자가 필요해 증자를 시행했다. 그러나 이러한 대형 자금 조달은 주식 가치의 희박화를 불러올 것으로 우려되고 있으며, 경기후퇴에 대한 우려와 함께 은행주 하락의 원인이 되고 있다.

앞으로 만약 대형 도산이나 사적 정리(사업 재생 ADR) 등이 있으면 자본 축적이 더욱 필요해져 3대 메가뱅크 사이에서도 자금 조달 능력에 차이가 나타날 가능성이 있다. 이에 대해서는 4장의 〈JAL〉 항목에서 설명한 바 있다.

재무제표를 읽을 때의 포인트

은행업계에는 '업무 순익'이나 '(은행의) 자기자본비율 규제' 같은 독특한 업계 지표가 있다. 그와 같은 독자적인 지표가 존재하는 업계에서는 그 지표가 전략에 커다란 영향을 줄 때도 적지 않으므로 신문 등에서 그와 관련된 기사가 나오면 꼭 확인해 두도록 하자.

사례 연구 5 – 백화점과 어패럴 업계

유니클로의 〈패스트리테일링〉와 백화점의 구조적 차이

〈패스트리테일링〉과 〈J프런트 리테일링〉(이하 J프런트)의 재무제표를 분석함으로써 유니클로 등의 비교적 새로운 업계와 백화점 업계의 구조적인 차이를 살펴보자. 〈패스트리테일링〉은 본결산 2년분, 그리고 〈J프런트〉는 2년분의 본결산과 함께 2년분의 8월 중간기 결산을 도표로 만들었다(도표 5-7). 유니클로 등을 전개하고 있는 〈패스트리테일링〉과 다이마루, 마쓰자카야를 전개하고 있는 〈J프런트〉를 비교해 보면 두 회사의 구조적인 차이를 알 수 있다.

먼저 〈패스트리테일링〉의 2008년 3월기와 2009년 8월기 본결산을 비교해 보면, 경기가 크게 후퇴한 시기임에도 2008년에 5,864억 엔이었던 매출액이 2009년에는 6,850엔으로 16.8퍼센트 증가했음을 알 수 있다. 또한 매출총이익과 영업이익도 각각 16.3퍼센트와 24.2퍼센트 증가했다. 영업이익의 증가율이 매출총이익의 증가율보다 높은 것은 판관비의 증가율을 매출액의 증가율보다 낮게 억제했기 때문이다. 비용 조정에 성공했다고 볼 수 있다.

한편 〈J프런트〉의 2008년 2월기와 2009년 2월기 본결산을 보면, 매출액이 1조 164억 엔에서 1조 966억 엔으로 7.9퍼센트 증가했다. 매출총이익도 거의 같은 비율인 7.2퍼센트 증가를 기록했지만, 영업이익은 흑자를 유지하고 있으나 비율로 치면 30퍼센트 가까이 감소했다. 이것은 판관비의 상승률이 매출액의 상승률을 크게 웃돌았기 때문이다. 비용 조정을 하지 못했거나 어떤 다른 특수 요인으로 판관비를 늘릴 수밖에 없었다고 할 수 있다.

또 〈J프런트〉의 2008년과 2009년 상반기(3~8월) 실적도 실었는데, 2008년에 비해 2009년에 크게 하락했음을 알 수 있다. 이것은 구조적인 문제라기보다 경기동향의 영향이 크다고 할 수 있다. 2008년 9월에 이른바 '리먼쇼크'가 발생해 실물경제가 크게 후퇴했기 때문이다. 고급품을 판매하는 백화점으로서는 전년도를 밑도는 매출액과 이익이 계속되는 심각한 상황이 전개되었다. 〈J프런트〉의 경우도 매출액과 매출총이익이 13퍼센트 넘게 감소했고, 영업이익은 50퍼센트 이상 감소했다. 이것도 매출액의 감소율만큼 판관비를 줄이지 못한 것이 큰 영향을 끼쳤다고 할 수 있다.

유니클로가 박리다매가 아닌 이유

지금까지 〈패스트리테일링〉과 〈J프런트〉의 최근 실적을 대략적으로 살펴봤는데, 좀더 깊게 고찰해 보자. 이번에는 구조적인 요인이다. 먼저 두 회사가 근본적으로 다른 것은 매출총이익률이다. 〈패스트리테일링〉은 50퍼센트 정도의 매출총이익률을 확보하고 있는 데 비해 〈J프런트〉는 딱 그 절반 정도다.

여기에는 두 가지 요인을 생각할 수 있다. 먼저 매입과 제조 비용이다. 〈패스트리테일링〉에 비해 〈J프런트〉의 매입 비용이 큰 것이다. 〈J프런트〉는 백화점이기 때문에 자사가 제조하는 것이 아니라 거의 모든 상품을 매입한다. 한편 〈패스트리테일링〉은 유니클로 등에서 전개하는 상품을 전부 자사가 기획하고 자사가 제조 위탁한 중국 등지의 공장에서 제조하고 있다. 이것이 비용을 낮추는 데 크게 공헌했다고 할 수 있다. 여기에 또 한 가지 생각할 수 있는 것은, 〈패스트리테일링〉은 원래 백화점에 비해 단가가 저렴한 상품을 판매하고 있어 매입 비용도 낮지만 판매 가격을 그다지 인하하지 않는다는 점이다. 한편 〈J프런트〉는 매입가에 덧붙이는 이윤이 많지 않음에도 경기후퇴 등의 영향으로 세일 등을 통해 가격을 내리지 않으면 팔리지 않는 상품도

도표 5-7 매출원가율의 차이가 영업이익의 차이로

(단위 : 백만 엔)

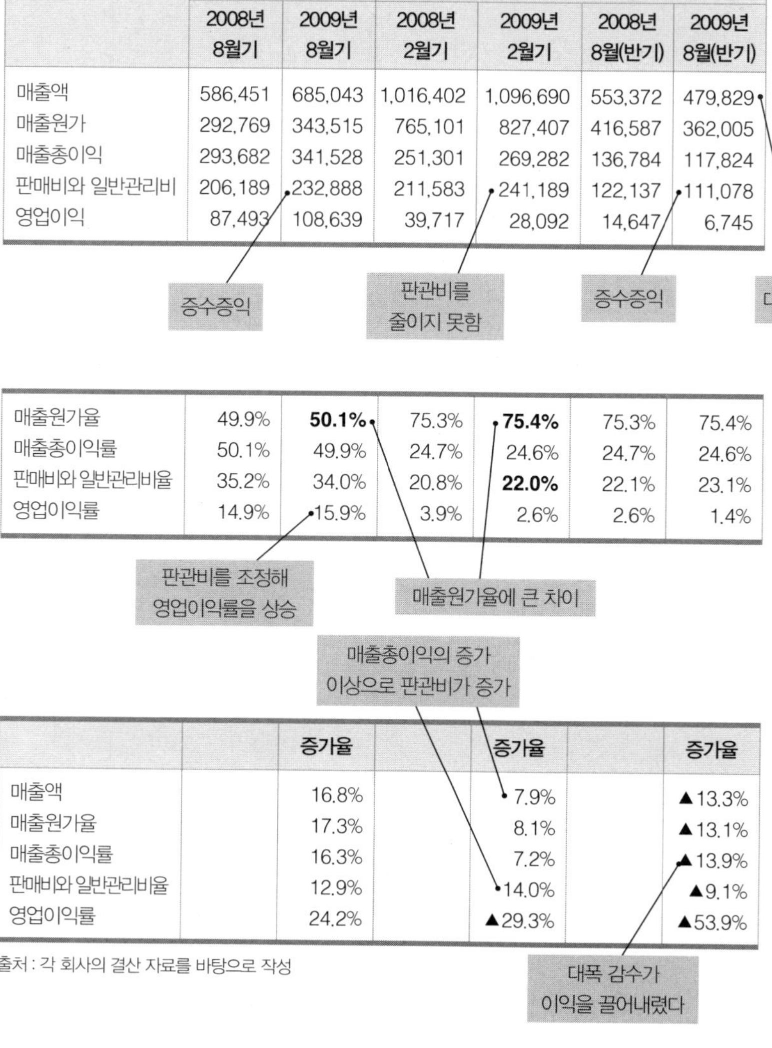

	패스트리테일링		J프런트 리테일링			
	2008년 8월기	2009년 8월기	2008년 2월기	2009년 2월기	2008년 8월(반기)	2009년 8월(반기)
매출액	586,451	685,043	1,016,402	1,096,690	553,372	479,829
매출원가	292,769	343,515	765,101	827,407	416,587	362,005
매출총이익	293,682	341,528	251,301	269,282	136,784	117,824
판매비와 일반관리비	206,189	232,888	211,583	241,189	122,137	111,078
영업이익	87,493	108,639	39,717	28,092	14,647	6,745

매출원가율	49.9%	**50.1%**	75.3%	**75.4%**	75.3%	75.4%
매출총이익률	50.1%	49.9%	24.7%	24.6%	24.7%	24.6%
판매비와 일반관리비율	35.2%	34.0%	20.8%	**22.0%**	22.1%	23.1%
영업이익률	14.9%	15.9%	3.9%	2.6%	2.6%	1.4%

		증가율		증가율		증가율
매출액		16.8%		7.9%		▲13.3%
매출원가율		17.3%		8.1%		▲13.1%
매출총이익률		16.3%		7.2%		▲13.9%
판매비와 일반관리비율		12.9%		14.0%		▲9.1%
영업이익률		24.2%		▲29.3%		▲53.9%

증수증익
판관비를 줄이지 못함
증수증익
대폭 감수
판관비를 조정해 영업이익률을 상승
매출원가율에 큰 차이
매출총이익의 증가 이상으로 판관비가 증가
대폭 감수가 이익을 끌어내렸다

출처 : 각 회사의 결산 자료를 바탕으로 작성

많으며, 그만큼 매출원가율이 높아지는 것으로 생각된다.

어쨌든, 비교적 저렴한 상품을 취급하는 〈패스트리테일링〉이 백화점인 〈J프런트〉보다 매출이익률이 두 배 가깝게 높다는 사실은 놀라울 따름이다. '박리다매'가 아니라 '후리다매厚利多賣'인 것이다.

이익이 많으면 판관비도 많이 든다

〈패스트리테일링〉의 판관비율에 대해 알아보자. 〈패스트리테일링〉은 높은 매출총이익률을 벌어들이고 있기 때문에 판관비, 특히 광고비 등에 큰 비용을 사용할 수 있다. 특히 2009년 8월기처럼 매출이 전년에 비해 크게 성장한 상황에서는 매출총이익의 절대액도 많이 늘어나기 때문에 판관비율을 올리지 않고도 광고비 등의 금액을 크게 늘릴 수 있다.

한편 〈J프런트〉는 2009년에 들어와 매출이 크게 떨어졌으며 매출총이익도 감소했다. 그래서 그만큼 판관비의 절대액을 줄였지만, 그래도 판관비율은 상승하고 말았다. 이익액도 감소했다. 물론 비율로는 상승했지만 절대액이 감소했기 때문에 광고비 등에 영향을 미칠 것은 틀림없다.

거시경제적으로는 실업률이나 유효 구인 배율 등 고용 사정이 심각하며, 이와 관련해 현금급여 총액이 전년도 수준을 밑돌았다. 이를 생각하면 백화점을 둘러싼 환경은 앞으로 더욱 나빠질 것으로 보인다. 또 이러한 상황에서 디플레이션 경향도 나타내고 있기 때문에 당분간은 백화점보다 저가 제품을 취급하는 〈패스트리테일링〉이 더 유리하다고 할 수 있다.

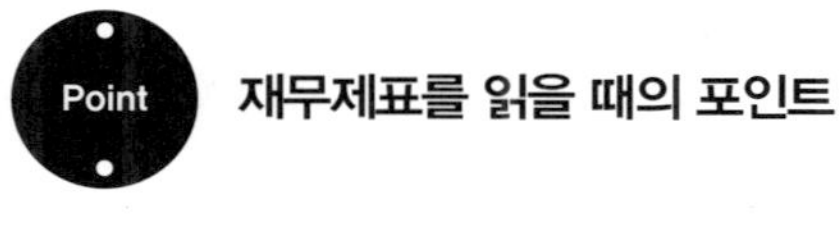

재무제표를 읽을 때의 포인트

유니클로와 같이 비교적 가격이 저렴한 점포를 전개하는 업계를 볼 때는 아무래도 '박리다매'라는 '선입견'이 생기기 쉬운데, 재무제표를 확인해 보면 그렇지 않음을 알 수 있다. 재무제표를 읽을 때는 **선입견을 가지지 않는 자세도 필요하다.**

또 충분한 매출총이익을 올리고 있는 회사는 판관비, 특히 광고 선전비 등에 대한 자유도가 높으며, 이것이 실적을 더욱 올려줄 때도 있다. 매출총이익률과 그 액수도 반드시 확인하기 바란다.

같은 어패럴 업계라도 이익 구조에는 큰 차이가 있다

같은 어패럴 업계라 해도 사업 구조가 다르면 실적이나 재무 내용도 크게 달라지는데, 이에 대해 살펴보도록 하자. 국내 판매가 중심인 어패럴 산업의 2009년도(2010년 2월기) 결산을 보면 확실히 명암이 엇갈린다. 분석 대상은 〈온워드 홀딩스〉(이하 온워드)와 〈레나운〉, 〈포인트〉다. 이 중 〈온워드〉는 실적이 악화되고 〈레나운〉은 부진이 계속되는 가운데 〈포인트〉는 순조롭게 실적을 확대했다고 할 수 있다.

먼저 〈온워드〉를 살펴보자. 도표 5-8을 보면 하반기에 경기회복 경향이 보이기는 했지만, 매출액은 2,610억 엔에서 2,486억 엔으로 4.7퍼센트 하락했다. 이익도 영업이익은 절반이나 줄어들고 경상이익은 아주 조금 감소했는데, 이는 2008년도에 63억 엔의 외환 차손을 계상했지만 2009년에는 외환 차손이 없었던 영향이 크다. 경상이익의 감소폭이 작은 것은 오히려 2008년도에 많이 하락했기 때문이라고 할 수 있다. 순이익은 전기의 적자에서 벗어나 21억 엔을 확보했지만 이는 2008년도에 특별손실로 계상했던 226억 엔의 유가증권 평가손과 130억 엔의 감손 손실이 없었기 때문이며, 2009년 전체의 실적은 악화되었다고 할 수 있다.

좀더 자세히 살펴보면, 매출액이 감소했음에도 판관비가 오히려 증가한 것이 마음에 걸린다. 판관비율(판관비÷매출액)은 매출액 감소의 영향으로 2퍼센트 이상 상승했다. 매출원가는 0.6퍼센트 떨어졌지만 경비, 특히 판관비를 제대로 조정하지 못했다고 할 수 있다. 다만 대차대조표를 통해 본 재무 내용은 양호해서, 자기자본비율(순자산÷자산)도 50퍼센트가 넘는다. 경비를 철저히 조정해야 한다는 대전제가 붙지만, 앞으로 매출이 순조롭게 회복된다면 수익률도 상승할 것으로 보인다.

이번에는 〈레나운〉을 살펴보자. 〈레나운〉은 계속 어려운 상황을 맞고 있다. '아쿠아스큐텀'과 '렐리안'을 연결 대상에서 제외한 것의 영향 등으로 총자산이 2008년의 834억 엔에서 389억 엔으로 절반 이상 감소했다. 이에 따라 장·단기를 합쳐서 105억 엔 정도였던 유이자 부채가 16억 엔까지 급감하며 재무 내용은 상당히 개선되었다(도표 5-9).

그러나 실적은 그다지 좋지 않아서, 적자폭이 축소되기는 했지만 아직 적자가 계속되고 있는 상태다. 특히 순이익은 100억 엔 정도의 적자가 계속되고 있다. 2009년도에는 관계 회사 주식매각 손실을 84억 엔 계상했다. 연결 대상이었던 자회사를 분리하고 수익 개선 노력을 계속하고 있지만, 향후 실적 전망은 여전이 어두워서 결산 단신에서도 다음 기의 전망에 대해 '어려운 경영환경이 계속될 것으로 예상된다.'며 2010년도에도 적자가 예상된다고 발표했다. 전략을 포함해 사업 구조와 경비 구조의 근본적인 개혁을 시행해야 할 것이다(그 후 〈레나운〉은 중국 회사에 매각되었다).

자사 기획과 제조, 점포를 전개하는 SPA업체의 전략

〈포인트〉는 실적이 호조를 보였다. 매출액은 2008년도에 비해 12.7퍼센트 증가했고 판관비율이 1퍼센트 정도 높아졌기 때문에 영업이익은 전년 대비 7.2퍼센트 증가한 169억 엔을 확보했다. 또 영업이익률(영업이익÷매출액)도 17.3퍼센트로 매우 높다. 〈온워드〉의 영업이익률이 불과 1.8퍼센트이고 〈레나운〉이 적자인 것과 비교하면 〈포인트〉의 실적이 얼마나 호조인지 알 수 있다. 마찬가지로 경상이익과 당기순이익도 증가했다.

영업현금흐름도 윤택하다. 매출액에 대한 영업현금흐름의 상황을 나타내는 '현금흐름 마진'도 13퍼센트로 다른 두 회사와 크게 차이가 난다. 그리고 윤택하게 벌어들인 영업현금흐름의 일부를 투자현금흐름으로 사용하고 있다. 투자현금흐름 속의 '유형 고정자산의 취득에 따른 지출'과 감가상각비를 비교하면 얼마나 적극적으로 투자하고 있는지 알 수 있

도표 5-8 경기회복 국면에서 명암이 엇갈린 어패럴과 SPA(1)

〈온워드 홀딩스〉 (단위 : 억 엔)

	2009년 2월기	비율	2010년 2월기	비율	증감률
매출액	**2,610**	**100.0%**	**2,486**	**100.0%**	▲4.7%
매출원가	1,426	54.7%	1,344	54.1%	▲5.8%
매출총이익	1,183	45.3%	1,141	45.9%	▲3.5%
판매비와 일반관리비	**1,092**	**41.9%**	**1,097**	**44.2%**	**0.5%**
영업이익	90	**3.5%**	**43**	**1.8%**	**▲51.8%**
영업외수익	44	1.7%	46	1.9%	5.6%
영업외비용	72	2.8%	29	1.2%	▲59.4%
경상이익	**62**	**2.4%**	**61**	**2.5%**	**▲2.6%**
순이익	**▲308**	–	**21**	**0.9%**	–
유동자산	989	1,006			
총자산	2,962	2,925			
유동부채	923	929			
순자산	1,584	1,581			
영업현금흐름	**108**	**140**			
유동비율	107.1%	108.3%			
자기자본비율	53.5%	54.1%			
자산회전율	88.1%	85.0%			
현금흐름 마진	**4.2%**	**5.7%**			

출처 : 〈온워드 홀딩스〉의 결산 자료를 바탕으로 작성

다. 〈포인트〉는 2009년도에 감가상각비가 12억 8,000억 엔이었으며 33억 7,000억 엔의 유형 고정자산을 취득했다. 그만큼 적극적으로 미래를 위한 설비투자를 했다는 뜻이다. 2009년도에 87점포를 출점해 (퇴점은 10점포) 전체 출점 수는 627점포가 되었다. 또 이익과 현금흐

도표 5-9 경기회복 국면에서 명암이 엇갈린 어패럴과 SPA(2)

〈레나운〉 (단위 : 억 엔)

연결 자회사를 분리

	2009년 2월기	비율	2010년 2월기	비율	증감률
매출액	**1,559**	**100.0%**	**1,290**	**100.0%**	**▲17.3%**
매출원가	925	59.3%	717	55.6%	▲22.5%
매출총이익	634	40.7%	572	44.4%	▲9.7%
판매비와 일반관리비	709	45.5%	577	44.7%	▲18.6%
영업이익	**▲75**	–	**▲4**	–	–
영업외수익	14	0.9%	8	0.6%	▲42.8%
영업외비용	15	10%	9	0.7%	▲38.8%
경상이익	**▲76**	–	**▲5**	–	–
순이익	**▲122**	–	**▲109**	–	–
유동자산	574		280		
총자산	834		389		
유동부채	335		133		
순자산	371		199		
영업현금흐름	**▲69**		**22**		
유동비율	171.3%		210.1%		
자기자본비율	**44.5%**		**51.1%**		
자산회전율	187.0%		331.3%		
현금흐름 마진	–		**1.8%**		

적자는 축소되었지만…

출처 : 〈레나운〉의 결산 자료를 바탕으로 작성

름을 넉넉하게 벌어들이고 있기 때문에 재무 안정성도 높아서, 자기자본비율이 60퍼센트이며 단기적인 안정성을 나타내는 유동비율도 170퍼센트에 이르는 등 매우 양호하다.

〈포인트〉는 자사가 기획과 제조를 조정하면서 점포를 자주 전개하는 'SPA'라고 부르는 업체다. 한마디로 유통을 전부 조정하고 있다고

〈포인트〉 (단위 : 억 엔)

	2009년 2월기	비율	2010년 2월기	비율	증감률
매출액	**867**	**100.0%**	**976**	**100.0%**	**12.7%**
매출원가	342	39.5%	385	39.5%	12.7%
매출총이익	524	60.5%	591	60.5%	12.7%
판매비와 일반관리비	367	42.3%	422	43.2%	15.0%
영업이익	**157**	**18.2%**	**169**	**17.3%**	**7.2%**
영업외수익	2	0.3%	2	0.2%	▲6.0%
영업외비용	0	0.1%	0	0.1%	22.0%
경상이익	**159**	**18.4%**	**170**	**17.5%**	**7.0%**
순이익	**80**	**9.3%**	**95**	**9.7%**	**17.6%**
유동자산	284		358		
총자산	458		556		
유동부채	191		214		
순자산	265		336		
영업현금흐름	**126**		**127**		
유동비율	148.3%		166.9%		
자기자본비율	**57.9%**		**60.5%**		
자산회전율	189.0%		175.5%		
현금흐름 마진	**14.6%**		**13.0%**		

약간 상승

매출액에 대한 영업현금흐름은 높은 수준

출처 : 〈포인트〉의 결산 자료를 바탕으로 작성

할 수 있다. 고급품에 비해 비교적 저렴하면서도 세련된 디자인으로 20대에서 30대 여성들의 지지를 받고 있다. 또한 점포뿐만 아니라 쇼핑센터 등에서도 자주 일부 브랜드를 전개하고 있으며, 타이완과 홍콩, 중국에서도 조금씩 점포를 열고 있다.

한편 기존의 전통 브랜드들은 백화점이나 전문점에 점포를 전개하는 경우가 많아서 백화점 등의 실적이나 집객에 크게 좌우된다. 국내 경기가 서서히 회복되는 가운데 앞으로 사업 구조의 차이가 수익 구조에 어떤 차이를 낳을지 주목된다.

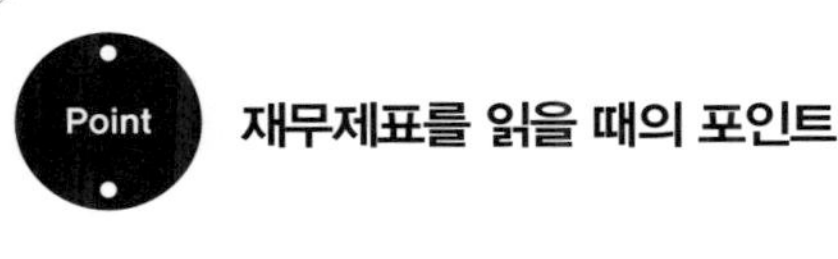

재무제표를 읽을 때의 포인트

같은 업계라도 유통 방법 등이 크게 다르며, 그것이 실적의 차이로 나타날 때도 적지 않다. 재무제표에 나온 실적이나 재무 내용만 보지 말고 '결산 단신'이나 '연차 보고서', 혹은 회사의 홈페이지 등을 통해 전략 등을 분석하는 것도 중요하다.

사례 연구 6 – 화학·섬유 회사

재무제표를 통한 사업 포트폴리오 분석

마지막으로 '사업 포트폴리오'를 분석해 보자. 〈도레이〉와 〈아사히 화성〉, 〈데이진〉 등 원래는 화학·섬유가 주업인 회사의 현재 사업 구조를 분석해 보려 한다.

'사업 포트폴리오'는 여러 가지 사업을 조합함으로써 사업 전체의 안정화와 고수익화를 꾀하는 것이다. 원래는 투자 자산 등의 분산 수법이지만 사업에도 응용해 생각할 수 있다. 사례로 든 세 회사는 각각 복수의 사업을 전개하고 있는데, 각 회사의 사업 포트폴리오를 분석해 보자.

먼저 전체적인 실적을 살펴보면, 세 회사 모두 2009년도는 세계 동시 불황의 영향도 있어서 2008년도에 비해 매출액이 감소했다. 그러나 그 외의 상황은 세 회사가 각각 다르다. 〈도레이〉는 매출원가율과 판관비율을 모두 낮추는 데 성공했기 때문에 영업이익률과 영업이익액이 개선되었다. 그러나 감손 손실과 사업 구조 개선 비용 등을 계상했기 때문에 순손실을 계상했다. 〈아사히 화성〉은 매출원가율을 대폭 낮추었기 때문에 영업이익과 순이익 모두 개선되었다. 그리고 〈데이진〉은 매출원가율은 낮추었지만 판관비율을 낮추지 못해 영업이익이 감소했으며, 순이익도 사업 구조 개선 비용을 약 200억 엔 계상함에 따라 2년 연속 손실을 기록했다.

그러면 각 회사의 사업 포트폴리오 내용을 살펴보자. 먼저 〈도레이〉는 도표 5-10에도 나오듯이 여섯 가지 사업을 하고 있는데, 섬유 사업이 매출액과 영업이익 모두 큰 비중을 차지한다. 이 사업에서는 의류용 외에 에어백용 원사 등도 만들고 있는데, 매출액은 전년 대비 7.7퍼센트 감소했지만 영업이익은 57.9퍼센트나 증가했다. 플라스틱 화학 사업도 역시 감수증익을 기록했는데, 이는 하이브리드 자동차의 콘덴서용 필름 사업 등이 성장한 데 따른 것이다. 2009년도 이익에 가장 공헌한 사업은 정보통신 재료·기기 사업이었다. 영업이익이 전기 대비 90퍼센트 가까이 증가했다. 이는 플라스마 디스플레이용 재료 등이 건투한 바가 크다.

의외인 것은 탄소섬유 사업이 큰 폭의 적자를 기록했다는 사실이다. 2008년도에는 매출액이 700억 엔을 넘었고 영업이익도 83억 엔 정도였던 것이 갑자기 대폭적인 감익을 기록하며 적자가 발생했다. 세계적인 불황으로 항공산업용 등의 매출이 감소했기 때문이다. 앞으로 자동차 분야 등에서 탄소섬유의 활용이 기대되고 있는데, 매출이 얼마나 회복될지 귀추가 주목된다.

그 밖에 환경공학 사업은 매출액이 조금 감소했지만 이익은 43퍼센트 증가했다. 앞으로 큰 수요가 예상되는 수처리 분야에서 수익이 개선되었기 때문이다. 생활과학 외 사업에서는 감수감익이 되었다.

〈도레이〉는 전체적인 매출액은 감소했지만 탄소섬유 사업 이외의 사업은 원가 절감 등으로 이익을 증가시켰다고 할 수 있다.

사업 포트폴리오의 구성에 따라 실적이 크게 다르다

이번에는 〈아사히 화성〉을 살펴보자. '헤벨하우스'를 판매하는 주택 사업은 2008년도와 2009년도 모두 안정적으로 이익을 올리고 있다. 2008년도에는 이익액의 절반을, 2009년도에는 40퍼센트를 벌어들였다. 한편 경기에 크게 좌우되는 화학은 이익의 편차가 심해서, 2008년도에는 적자였던 것이 2009년도에는 주택과 함께 효자 사업이 되었다. 이것은 2009년도 하반기에 중국과 자동차 가전용의 수요가 회복되었기 때문으로, 경기에 크게 좌우되는 사업이라 할 수 있다. 화학 사업에는 가정용품인 '사란랩(비닐랩)'이 포함되어 있는데, 이 부분은 비교적 안정적이다.

매출 비율은 7퍼센트 전후로 작지만, 적자가 계속되고 있는 섬유는 그 적자폭이 확대되고 있다. 의약·의료 분야에서는 라이선스 수입의 감소와 엔화 강세의 영향이 나타나고 있다. 그리고 전자는 2009년도에 매출액과 이익이 모두 증가했는데, 이는 화학에서 일부 사업이 이동한 데 따른 영향으로 전체적으로는 큰 변화가 없다.

〈아사히 화성〉은 매출액의 40퍼센트 이상을 차지하는 화학 동향이 이익 수준에 커다란 영향을 끼치고 있다. 화학은 경기에 좌우되기 쉬운 업계이지만 향후 동향이 주목된다.

마지막으로 〈데이진〉은 2008년과 2009년 모두 의약·의료 분야가 이익의 대부분을 차지했다. 골다공증 치료약과 주택 산소 장치 등이 주력인데, 안정된 매출액과 이익을 벌어들이고 있다. 화성품 사업의 경우, 매출액은 감소했지만 이익은 대폭 개선되었다. 이 사업 분야에서는 수지樹脂와 함께 필름 등을 제조하고 있는데, 아시아 등에서 수요가 회복되었다.

한편 매출액의 비중이 높은 합성섬유 사업은 2008년과 2009년 모두 영업 적자가 계속되고 있으며, 2009년에 적자폭이 더 커졌다. 〈데이진〉도 탄소섬유를 취급하고 있는데, 〈도레이〉와 마찬가지로 항공기용 수요 감소 등이 실적에 영향을 주었다. 의류용뿐만 아니라 자동차 등의 산업용도 많이 취급하고 있어 경기회복에 크게 좌우된다고 할 수 있다. 자동차에 탄소섬유가 사용되면 그 사용량은 지금보다 몇 배나 증가할 것으로 예상된다. 〈데이진〉은 이 탄소섬유 분야를 강화하려 하고 있다.

과거에는 화학·섬유가 주력이었던 세 회사의 동향을 살펴봤다. 각각 전문 분야와 수익 분야의 비율이 다르지만, 의류나 주택 등 비교적 안정된 분야와 경기 동향에 쉽게 좌우되는 화학이나 탄소섬유 등의 산업용 분야를 조합한 사업 포트폴리오를 만들려 하고 있는 것이다.

도표 5-10 사업 포트폴리오의 차이를 통해 수익 회복력을 분석한다

〈도레이〉

	2009년도	비율	전년도 대비 증감률
매출액	13,596	100.0%	▲7.6%
매출원가	11,149	82.0%	▲7.7%
매출총이익	2,446	18.0%	▲7.2%
판매비와 일반관리비	2,045	15.0%	▲10.1%
영업이익	**401**	**2.9%**	**11.4%**
순이익	▲141	–	–

특별손실 때문에 최종 적자

〈아사히 화성〉

	2009년도	비율	전년도 대비 증감률
매출액	14,335	100.0%	▲7.7%
매출원가	11,006	76.8%	▲11.1%
매출총이익	3,329	23.2%	▲5.6%
판매비와 일반관리비	2,752	19.2%	▲1.8%
영업이익	**576**	**4.0%**	**64.8%**
순이익	252	1.8%	432.9%

영업이익률 4퍼센트로 회복

특별손실 때문에 최종 적자

〈데이진〉

	2009년도	비율	전년도 대비 증감률
매출액	7,658	100.0%	▲18.8%
매출원가	5,739	74.9%	▲20.8%
매출총이익	1,919	25.1%	▲12.2%
판매비와 일반관리비	1,784	23.3%	▲11.1%
영업이익	**134**	**1.8%**	**▲25.1%**
순이익	▲356	–	–

주 : 손익계산서와 세그먼트 합계의 차이는 내부 소거가 있기 때문. 〈아사히 화성〉은 2009년도에 세그먼트를 변경했기 때문에 매출액과 이익에 변경이 있다.

탄소 섬유는 개선이 늦음 / 증수증익

(단위: 억 엔)

	2008년도				2009년도			
세그먼트 정보	매출액	비율	영업이익	비율	매출액	비율	영업이익	비율
섬유	5,689	38.7%	76	21.0%	5,252	38.6%	120	31.3%
플라스틱 화학	3,776	25.7%	40	11.2%	3,327	24.5%	80	20.8%
정보통신 재료·기기	**2,294**	**15.6%**	**98**	**27.0%**	**2,304**	**16.9%**	**185**	**47.8%**
탄소섬유	703	4.8%	83	23.0%	506	3.7%	61	15.9%
환경공학	1,602	10.9%	33	9.1%	1,597	11.8%	47	12.2%
생활과학 외	649	4.4%	31	8.7%	607	4.5%	14	3.8%
합계	14,713		364		13,596		387	

안정 수익 / 채산 급개선

	2008년도				2009년도			
세그먼트 정보	매출액	비율	영업이익	비율	매출액	비율	영업이익	비율
화학	7,414	47.7%	▲4	▲1.0%	6,220	43.4%	260	41.4%
주택	**4,098**	**26.4%**	**218**	**50.5%**	**3,897**	**27.2%**	**253**	**40.3%**
의약 · 의료	1,169	7.7%	120	27.8%	1,132	7.9%	39	6.4%
섬유	1,021	6.6%	▲8	▲2.0%	1,012	7.1%	▲27	▲4.4%
전자	917	5.9%	33	7.7%	1,427	10.0%	72	11.5%
건재	609	3.9%	16	3.9%	470	3.3%	12	1.9%
서비스 공학 등	272	1.8%	56	13.0%	176	1.2%	18	2.9%
계	15,531		432		14,335		629	

안정 수익 / 섬유는 적자 확대

	2008년도				2009년도			
세그먼트 정보	매출액	비율	영업이익	비율	매출액	비율	영업이익	비율
합성섬유	2,732	29.0%	▲27	▲9.3%	2,051	26.8%	▲151	▲64.5%
화성품	2,580	27.3%	2	0.8%	1,777	23.2%	79	34.1%
의약·의료	**1,271**	**13.5%**	**248**	**83.5%**	**1,317**	**17.2%**	**242**	**103.1%**
유통·리테일	2,391	25.4%	38	13.0%	2,053	26.8%	34	14.6%
IT·신사업 외	458	4.9%	35	12.1%	458	6.0%	29	12.6%
계	9,434		297		7,658		234	

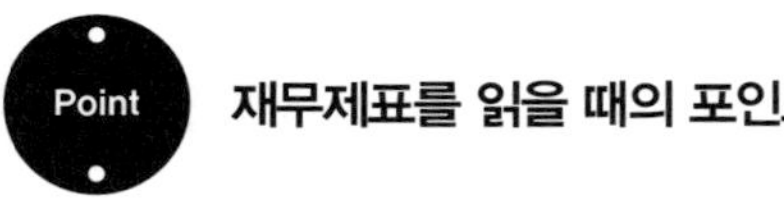

재무제표를 읽을 때의 포인트

여기에서 예로 든 세 회사와 같이 전개하는 사업 분야가 많은 회사를 볼 때는 전체적으로만 보지 말고 각 사업의 실적을 분석할 필요가 있다. 또 각 사업이 경기변동에 따라 받는 영향도 크게 다르기 때문에 과거부터의 실적 등을 분석해 경기 감응도 등을 파악해 두어야 한다.

3부에서는 여러 업계의 재무제표의 특색을 살펴봤다. 1부와 2부에서 공부한 재무제표의 프레임워크와 일반적인 수치 기준 등을 알고 각 업계의 특색을 알면 재무제표를 더 '깊게' 읽을 수 있음을 깨달았으리라 믿는다.

앞으로도 많은 회사의 재무제표를 읽고 계속 공부하기 바란다. 원칙을 알고 현상을 많이 공부하는 것이 본질을 이해하는 가장 좋은 방법이다.

1초 만에 재무제표 읽는 법 : 사례편

초판 1쇄 발행 2011년 10월 28일
초판 8쇄 발행 2021년 8월 21일

지은이 고미야 가즈요시
옮긴이 김정환
펴낸이 김선식

경영총괄 김은영
콘텐츠사업1팀장 임보윤 **콘텐츠사업1팀** 윤유정, 한다혜, 성기병, 문주연
마케팅본부장 이주화 **마케팅2팀** 권장규, 이고은, 김지우
미디어홍보본부장 정명찬
홍보팀 안지혜, 김재선, 이소영, 김은지, 박재연, 오수미, 이예주
뉴미디어팀 김선욱, 허지호, 염아라, 김혜원, 이수인, 임유나, 배한진, 석찬미
저작권팀 한승빈, 김재원
경영관리본부 허대우, 하미선, 박상민, 권송이, 김민아, 윤이경, 이소희, 이우철, 김재경, 최완규, 이지우, 김혜진

펴낸곳 다산북스 **출판등록** 2005년 12월 23일 제313-2005-00277호
주소 경기도 파주시 회동길 490
전화 02-702-1724 **팩스** 02-703-2219 **이메일** dasanbooks@dasanbooks.com
홈페이지 www.dasan.group **블로그** blog.naver.com/dasan_books
종이 (주)한솔피엔에스 **출력·제본** (주)갑우문화사

ISBN 978-89-6370-688-7 (03320)
ISBN 978-89-6370-275-9 (03320) (세트)

- 책값은 표지 뒤쪽에 있습니다.
- 파본은 구입하신 서점에서 교환해 드립니다.